학교를 나와 고시원을 차렸습니다

교사에서 고시원 원장이 된
인생 커리어 전환기

학교를 나와 고시원을 차렸습니다

교사에서 고시원 원장이 된 인생 커리어 전환기

노지현 지음

두드림미디어

프롤로그

'인간은 노력하는 한 방황한다'

– 요한 볼프강 폰 괴테(Johann Wolfgang von Goethe) –

안정적인 직업을 가진 교사에서 고시원 원장이 되었다. 때로는 원장도 아닌 고시원 아줌마로 전락한 순간도 있었다. 학생들의 관심과 사랑도, 사회에서 보장되었던 지위도 온데간데없었다. 변기를 닦고 음식물 쓰레기를 버리며, 숨이 턱턱 막히는 건물 안에서 땀을 뻘뻘 흘리며 재활용 쓰레기를 분리했다. 온갖 쓰레기로 가득 찬 고시원 방을 보기도 하고, 입실료를 내지 않고 숨어지내는 입실자를 내보내야 하는 어려움도 있었다.

이미 교사가 되었으니, 만 62세 정년까지 그 하나의 길로 가면 되었다. 교직은 내 발로 나오지 않는 한, 쫓겨날 일이 없기 때문이다. 그런 탄탄대로의 인생길을 두고 40대 중반을 넘어, 내 발로 나온다는 것은 정말 미친 짓이나 다름없었다. 나에게는 부양해야 할 아이들이 있었고, 나이도 적지 않았다. 무엇보다 지금 당장 나왔을 때, 앞으로의 생계를 유지할 돈이 없었다. 지금 내가 가진 나이, 돈, 가족이라는 현실의 패는 월급과 방학, 정년이 주는 안정의 패에 비해 한없이 불리했다.

그럼에도 나는 교사를 그만두었다. 인생 2막은 교사가 아닌 강연가의 삶을 살고 싶었기 때문이다. 처음에는 교과를 잘 가르치는 교사가 되고 싶었다. 나이가 들며 아이들에게 삶의 가치를 가르치는 교사를 꿈꾸었다. 학생들에게 자존과 꿈에 대해 말해주다 보니, 어느덧 우리의 교육을 변화시키고 싶다는 마음이 들었다. 그렇게 교사들을 대상으로 연수를 하며 살 줄 알았다. 한데 삶은 계획대로 되지 않는 듯하다. 어느새 나의 마음에는 강단에서 일반인을 대상으로 삶에 대한 이야기를 나누는 강연가를 꿈꾸게 되었다. 꿈 너머 더 큰 꿈이 생겨난 것이다.

40세가 넘은 나이에 새로운 꿈의 길을 선택한다는 것은 참 쉽지 않았다. 퇴직 전 몇 해 동안 현실의 벽과 꿈의 길에서 수없이 방황했다. 젊은 시절의 방황이 아닌 40대의 방황은 그리 멋지지도 순수하지도 않았다. 그 과정은 외롭고, 치열하다 못해 고통스러웠다.

퇴직함으로써 방황의 종지부는 찍었으나, 나의 꿈을 언제 이룰지 알 수 없었다. 생각보다 오랜 시간이 걸릴지도 모른다. 꿈을 포기하지 않으려면 월급을 대체할 생계 수단이 필요했다. 그와 같은 간절함과 절박함은 고시원 창업으로 이어졌고, 어느덧 나는 교사에서 고시원 원장이 되어 있었다.

이 책의 1장은 교사 시절 새로운 꿈이 생겨난 배경과, 현실과 꿈의 길에서 방황하던 모습이 담겼다. 2~3장은 고시원을 운영하는 과정에서 시행착오를 통해 깨달은 것들을 담았다. 4장은 직장생활만 하다가 창업이라는 새로운 인생을 통해 배우게 된 내용을 소개했다.

지나고 보니 알 것 같다. 인간은 노력하는 한 방황한다. 결국 '나는 어떤 삶을 살고 싶은지', '나는 어떤 사람인지', '내 인생의 방향은 어디인지' 그 물음에 대한 답을 찾기 위해 그토록 수없이 흔들렸던 것이다. 그 방황의 끝에서 주어진 대로 살지 않기로 결심했다. 인생 2막은 하고 싶은 일을 하며, 더욱더 나답게 살기로 했다.

당신이 40세, 아니 50세를 넘어 인생의 길목에서 방황하고 있다면, 그것은 노력하고 있다는 증거다. 괴테의 말처럼 인간은 노력하기 때문에 방황한다. 우리 모두는 더 나은 자신의 미래를 꿈꾼다. 더욱더 나답게 살아가길 바란다. 나는 누구이고, 나는 어떤 삶을 살고 싶은지 답을 찾고 싶은 것이다. 이 물음에 대한 답을 알아가기 위해서는 끊임없는 방황의 고통을 감수해야 한다.

이 책은 40세가 넘은 나이에 인생의 갈림길에서, 나와 같은 방황을 하며 답을 찾고 있을 누군가에게 도움이 되리라고 생각한다. 이 책이 안전지대를 벗어나 인생의 주체로서 원하는 삶을 향해 도전하는 여정에 이정표가 되길 바라는 마음이다.

퇴직 후 1년 6개월이 지난 지금, 고시원 1개는 2개가 되었다. 그 사이 무인 매장을 인수하고 지방에 있는 건물도 매입했다. 직장의 월급을 대체해줄 생계 수단이 안정되자, 어느덧 나의 꿈을 향한 여정을 시작할 수 있게 되었다.

물론 내가 걸어온 인생길이 정답이라는 것은 아니다. 자신의 답은 자신 안에서 찾아야 하기 때문이다. 그럼에도 이미 주어진 길이 아닌 내가 선택한 길을 걷다 보니, 그 과정에서 알게 되고 깨달은 것이 있다. 우리는 자신이 바라고 원하는 삶을 살 수 있다. 자신의 삶을 개척하며 주체적으로 살아갈 수 있는 인간의 자유의지가 우리 모두의 마음속에 있기 때문이다. 그와 같은 나의 인생 이야기가 당신의 삶에 조금이라도 도움이 되기를 바란다.

이 책이 나올 수 있도록 도움을 주신 '책과 강연'의 이정훈 대표님과 김태한 대표님께 감사드린다. 이 책이 출간되기까지 애써주신 출판 관계자분들께 감사하다. 항상 마음의 버팀목이 되어주시는 양가 부모님과 가족들에게도 감사하다. 여러 사업장을 운영하고 아내를 믿고 제반적인 모든 것을 도와준 남편과 우리 두 딸에게도 깊은 감사를 전한다.

마지막으로 이 책을 읽고 더 멋진 인생을 살아갈 미래의 독자들의 삶을 진심으로 응원한다.

노지현

목차

프롤로그 4

1장 나는 나를 넘어서야 했다

01 상실의 순간에 아름다운 진주를 품다 15
02 오랫동안 꿈을 그리는 사람은 그 꿈을 닮아간다 21
03 당신 인생의 기준점은 당신 안에 있어야 한다 29
04 꿈은 찾는 것이 아니라 만드는 것이다 35
05 자신이 좋아하는 것과 잘하는 것을 만드는 법 42
06 우리는 자신이 원하는 삶을 살 수 있다 50
07 흔들리지 않고 피는 꽃이 어디 있으랴 56
08 지금처럼 살거나 지금부터 살거나 62
09 당신의 삶에 범퍼 역할의 순간이 필요하다 68

2장 꿈을 포기하지 않으려면 돈이 필요했다

01 당신에게 무언가 절박함과 간절함이 있다면 77
02 현재의 점들은 언젠가 미래와 연결된다 83
03 경험을 통한 배움은 노하우를 만든다 89
04 모든 사람에게는 진심이 통하고 96
05 그것까지는 나는 모르는 일이다 104
06 당신은 그 어떤 문제보다 크고 강하다 110
07 당신이 행동과 보상 사이의 시간 차를 견뎌야 하는 이유 117

3장 그럼에도 나에게는 꿈이 있었다

01 가족에게 진 마음의 빚을 잊지 말아야 한다 127
02 약한 의지력, 이것이 가장 큰 장애물이다 134
03 지금의 불안한 삶을 피하고 싶다면 140
04 꿈을 포기하지 않으니 돈이 벌리기 시작했다 147
05 꿈이냐, 돈이냐! 둘 중 하나를 선택해야 할까? 155
06 그럼에도 나에게는 꿈이 있었다 161

4장 꿈을 향한 여정에서 또 다른 인생을 배웠다

01 새로운 인생길을 선택할 때 필요한 2가지 169
02 부자가 되려는 것은 칭찬받을 만한가요? 175
03 정성스럽게 되면 겉에 배어나오고 182
04 보다 빨리 실행하는 방법 188
05 당신이 에네르게이아적 인생을 살아간다면 194
06 진정 나로서 살아 숨 쉴 수 있기를 200
07 40세가 넘어 꿈을 꾸어야 하는 이유 206
08 당신의 길을 걸어나가라 214

에필로그 220

1장

•••

나는 나를 넘어서야 했다

상실의 순간에 아름다운 진주를 품다

처음 느끼는 감정이었다. 혼란스러웠다.

'뭐지? 지금 이 기분은 뭘까?'

한없이 우울의 늪으로 빠지는 듯했다. 기운이 없고, 말 그대로 다운되었다. 2015년, 육아휴직을 하고 아이들을 키울 때였다. 친하지는 않았지만, 알고 있던 여자 교사 두 분이 그 한 해에 모두 장학사가 되었다.

집에서 소식을 전해 들었을 뿐인데, 참으로 이상했다. 그들이 장학사가 되었다고 내 월급이 깎인 것은 아니다. 그분들의 승진이 나의 삶에 물리적인 영향을 끼친 것도 아니었다. 그럼에도 나는 몇 주 동안 기분이 가라앉았다. 얼빠진 사람처럼 한동안 정신을 차리지 못했다.

'인생을 잘못 살았나?'

'나도 그들처럼 아이들을 친정, 시댁에 맡기고 일을 해야 했나?'

'내가 무얼 잘못한 거지?'

그들은 성공한 것만 같았고, 나는 수많은 교사 중 일개 한 명인 듯했다. 몸은 아이들과 있었지만, 머릿속에는 오로지 이 생각만 들었다.

'이제껏 나는 뭘 한 거지?'

번아웃이었다. 기분이 많이 가라앉고 몇 주 정도 삶 자체가 무기력했다. 그들의 승진에 배가 아팠던 것은 아니다. 상대적인 박탈감이었다. 아이를 키우기 위해 여러 차례 휴직했던 나의 삶이 잘못된 것만 같았다. 학교생활을 열심히 하며 살아온 수많은 날까지도, 나는 나의 삶을 송두리째 부정했다. 번아웃의 이유는 인생에 대한 상실감이었다.

그날 이후 몇 주 동안 나는 나를 들여다봤다. 장학사나 교장, 교감과 같은 승진의 길을 갈 것인지, 평교사로 남을 것인지에 대한 갈림길이었다. 승진하기 위해서는 그 길을 가기 위한 또 다른 노력을 기울여야 했다. 앞으로 더 많은 시간과 에너지를 관리자가 되기 위한 길에 쏟아부어야 한다. 물론 평교사로 남을 수도 있다. 하지만 교사가 되면 부장교사를 거쳐 교감, 교장 또는 장학사와 같은 절차를 거치는 것이 당연하게 느껴졌다.

다들 그와 같은 길을 가고 있었다. 그 길이 나와 맞는지, 맞지 않는지는 중요해보이지 않았다. 남들도 다 그렇게 했기 때문이다. 처음에는 나도 많은 사람이 가는 길을 가야 한다고 생각했다. 올라가거나 제자리에 남거나, 길은 2가지밖에 없어 보였다. 앞으로 경력이 쌓이고 나이를 더 먹게 될 테니, 남들에게 보여주기에도 교장, 교감과 같은 관리자의 지위가 좀 더 있어 보이기는 했다.

하지만 아무리 생각해도, 관리자의 길이 나와 맞지 않다고 느꼈다. 그렇다면 앞으로 나는 어떻게 살아야 할까? 하루에 1~2시간도 못 자고 꼬박 고민했다. 사실 잠이 오지 않았다. 깨어 있는 모든 시간을 나는 무엇을 원하는지, 어떤 삶을 살아야 할지 생각했다. 그렇게 1주일에 걸쳐 A4 30여 장을 써 내려갔다.

결국 내 인생에서 가장 큰 상실의 순간에 다소 엉뚱한 꿈이 탄생했다.

"우리 교육의 희망과 행복을 노래하는 사람이 되자."

삶은 참 아이러니하다. 이제껏 나는 모든 체제에 순응하는 사람이었다. 학창 시절에는 모범생이었다. 학교에서나 가정에서 하지 말라는 것은 해본 적이 없다. 성인이 되어서도 혼자 여행 한번 못 가보고, 무엇 하나 나 스스로 결정해본 적이 없었다. 남들이 말하는 것, 다른 이들에게 좋아보이는 것을 따라 하고, 그에 맞춰 살기도 버거웠다. 그렇게 살아왔는데 인생의 가장 큰 상실의 순간, 사회의 기준이 아닌 나만의 길을 선택한 것이다.

물론 학교라는 울타리를 벗어나는 선택은 아니었다. 안정적인 울타리 안에서 또 다른 갈림길일 뿐이었다. 하지만 이제껏 남들과 같은 대열로만 가야 한다고 생각하며 살아온 나에게 그 순간 이와 같은 선택은 정말 의아했다.

우리 교육의 희망과 행복을 어떻게 노래할까? 결국 인생을 살아가는 데 가장 중요한 가치인 '자존'과 '꿈'을 학생들에게 가르치기로 했다. 휴직이 끝나고 학교로 돌아간 이후, 과학개념에 인문학을 접목해 '자존'과 '꿈'에 대한 수업을 퇴직하는 마지막 해까지 하게 되었다.

그 당시 이 선택이 내 인생을 송두리째 바꾸리라는 것을 알지 못했다. 9년이라는 시간이 흐른 후 현재 나는 교사를 그만두었다. 지금의 인생길을 걸을 수 있도록 만들어준 시작점이 된 것이다. 인생을 돌려 그 순간 남들과 같은 길을 가겠다고 선택했다면 어땠을까? 관리자로 가기 위한 그 길을 선택했다면 지금 나의 모습은 없을 것이다.

정호승 시인의《내 인생에 용기가 되어준 한마디》책에는 이런 글귀가 나온다.

"진주는 진주조개의 상처 때문에 생깁니다. 조개 안에 모래알이나 기생충 알 같은 이물질이 들어오면 조개는 그것을 감싸기 위해 체액을 분비하는데, 그 체액이 쌓여 단단한 껍질을 이루어 진주가 됩니다. 따라서 진주는 진주조개의 상처와 고통의 결정체입니다. 상처의 고통을 영롱한 아름다움으로 승화시킨 결과입니다."

그 번아웃의 순간은 평탄하게만 살아온 나의 삶에 첫 번째 시련과도 같았다. 처음으로 느끼는 시련의 고통에서 한 달여 정도 헤어나오지 못했다. 하지만 결국 그 고통을 느끼는 나 자신과 대면했다. 다른 이의 승진으로 인해 나의 삶이 아무것도 아닌 게 될 수 있다는 것이. 이제껏 잘못 살았다며 나의 삶을 한순간에 부정할 수 있다는 것이. 그런 나 자신의 모습이 큰 충격이었고 고통이었다. 나는 이물질이 들어온 내 삶을 감싸안았다. 처음으로 남들이 말하는 기준이 아닌, 내가 가고자 하는 길을 진지하게 생각해보게 되었다. 그렇게 나의 내면에 단단한 껍질을 만들어냈다. 인생에서 갑작스럽게 찾아온 상실의 순간에 아름다운 진주를 품게 된 것이다.

누구나 삶을 살다 보면 평탄한 삶일지라도 자신만이 느끼는 시련이 찾아올 수 있다. 시련은 각기 다른 모습으로 찾아온다. 남들에게 별 것 아닌 것이 나에게는 커다란 고통이 될 수 있다. 하지만 우리의 마음은 고통을 피하고 싶어 한다. 그러하기에 남들이 하는 대로 발맞추어 버리고, 애써 내 마음 안에서 그럴 수밖에 없었음을 변명하고는 한다.

자신의 삶에 이물질이 들어오면 그 고통을 급하게 치우려 하지 말고, 내면이 단단해지도록 감싸안아야 하는지도 모른다. 고통을 마주하는 선택을 할 수 있는 것도, 고통을 이겨낼 수 있는 것도 오직 나 자신뿐이다. 그 순간은 힘들겠지만 지나고 보면, 시련과 역경을 이겨낸 자기 모습은 한층 더 성장해 있을 것이다. 마치 상처와 고통의 결정체를 아름다운 보석으로 승화시킨, 진주를 품은 진주조개처럼 말이다.

오랫동안 꿈을 그리는 사람은 그 꿈을 닮아간다

2019년 봄, 수업 도중 아이들이 울기 시작했다. 처음에는 한두 명이 훌쩍거렸다. 그러더니 어느덧 여기저기에서 여학생들이 눈물을 떨어뜨렸다. 조금 지나서 엉엉 울기 시작하더니, 서로를 부둥켜안고 위로해주기 시작했다. 예기치 못한 갑작스러운 상황이라 일단 아이들을 잠시 그대로 놓아두었다.

그해에는 중학교 1학년 과학을 가르쳤다. 교과서에 나오는 '힘'을 가르치는 수업이었다. 과학에서 말하는 '힘'의 정의는 다음과 같다.

힘 : 물체의 모양이나 운동 상태를 변화시키는 요인

과학에서의 '힘'의 정의와 일상에서의 '힘'의 용어가 다르다는 것에 착안한 수업 구상이었다. 과학에서의 '힘'을 가르치기 전, 윤홍균

작가의 《자존감 수업》의 내용을 일부 발췌해서 도입부에 넣었다.

"나도 내가 몹시 싫었던 때가 있다. 고등학교 1학년이 끝날 때쯤 무기력증에 빠졌다. 아침에는 일어나기 싫고 식욕도 없고 만사에 흥미를 잃었다. 씻지도 않고 겨우 학교에 가서는 맨 뒷자리에 앉아 잠을 자거나 멍하니 있었다."

"돌이켜보면 그때 무기력에 시달린 것보다 더 괴로웠던 게 있다. 바로 나 스스로 내 상태를 이해할 수 없다는 점이었다. 한없이 나약해보이고, 의지도 없고, 승부욕도 사라진 내가 싫었고 이해가 되지 않았다. 차라리 성적이 떨어졌거나 가족과 불화가 있는 거라면 낫겠는데, 나란 존재가 내 맘에 들지 않는다는 느낌은 생각보다 괴로웠다."

아이들에게 음악을 들려주며 이 글을 읽게 한 후, 일상생활 속에서 '힘들었던 일'을 적어보라고 했다. 교실을 한 바퀴 돌며 학생들이 쓴 글을 눈으로 읽어나갔다. 형식적으로 적을 줄 알았는데, 아이들의 힘들었던 순간이 고스란히 글에 배여 있었다. 점수, 성적, 진로, 부모와의 갈등으로 인한 괴로움이었다. 이러한 일로 힘들었구나 싶은 생각이 드니 가슴이 메어왔다.

"아! 너희들이 이런 부분이 힘들었구나."

운을 떼는 순간 눈물이 왈칵 쏟아질 듯 목소리가 떨렸다. 몇 명의 아이들이 나의 떨리는 목소리를 알아챘고, 갑자기 한두 명씩 훌쩍거리기 시작했다. 이윽고 그 반 아이들이 다 같이 우는 분위기가 되었다. 몇몇 여학생들은 서로를 안아주며 상대방의 등을 토닥이고 있었다. 그렇게 잠시 서로 부둥켜안고 울었을 뿐인데 아이들의 얼굴이 이내 밝아졌다.

'나만 힘든 것이 아니구나.'
'다른 친구들도 힘들구나.'

서로의 마음을 확인하며 위로해주는 순간, 스스로 마음도 치유하는 것이다. 그렇게 자존을 배워나갔다.

우리 교육의 희망과 행복을 노래하는 사람이 되기로 한 날부터, 과학개념과 인문학을 연결한 수업을 구상했다. 물론 매 수업을 그렇게 할 수는 없었지만, 과학개념과 인문학의 책 내용을 연결해 수업할 수 있는 부분을 찾기 위해 노력했다.

이 아이들이 어느덧 졸업을 하고 학교를 떠나 자신의 인생을 살아갈 때, 스스로 더욱 가치 있게 여기기를 바랐다. 자신이 하고 싶은 일을 꿈꿀 수 있게 하는 것이 중요하다고 생각했다. 점수나 등급이 아닌 삶의 중요한 가치를 알려주는 것이 내가 우리 교육의 희망을 노래하는 길이라 생각했다.

과학개념과 인문학의 글을 융합해서 '자존'과 '꿈'에 대한 수업을 한다는 것이 결코 쉬운 일은 아니었다. 이제껏 존재하지 않았던 수업이며, 무에서 유를 창조해내는 것과 같았다. 아마도 우리나라 전국에서 하나뿐인 수업이었을 것이다. 오히려 국어나 도덕, 가정 교과라면 '자존감'이나 '꿈'에 대한 이야기를 하기 쉬웠을지 모른다. 하지만 나는 과학 교과를 가르치는 교사였다. 과학은 자존, 꿈과는 거리가 멀어 보인다. 이런 수업을 해마다 몇 차시씩 진행한다는 것은 사실상 무척 어려웠다. 과학과 인문학을 융합한 수업을 한다고 해서 월급을 더 많이 받는 것도 아니었다. 급여는 호봉제이기에, 한 해의 시간을 보내면 자동으로 올라갈 수 있는 체제였다.

그럼에도 왜 그렇게 나의 과학 수업에 자존과 꿈을 녹여냈을까? 누가 시키지도 않았고, 보수를 더 받는 것도 아니었는데 말이다. 2015년 내 인생의 터닝 포인트가 생기고, 그 상실의 순간을 계기로 꿈이 생겼다. 앞으로 어떤 교사로 살아갈지에 대한 나의 방향성이었던 것이다. 그 길은 나에게도 새로운 시도와 도전이었고, 더 많은 수업 준비와 에너지가 필요한 수업이었다. 하지만 내가 정한 길이었기에 한 걸음씩 내디뎠다.

교사 생활을 했던 20여 년 동안 언제나 매 차시 수업을 철저히 준비할 수밖에 없었다. 앞서 10여 년은 쉽고 재미있게 잘 가르치는 교사가 되고 싶었다. 그 길을 가기 위한 수많은 노력을 기울였다.

확산을 가르치기 위해서 마트에 가서 오렌지를 구입했다. 오렌지의 향으로 확산개념을 알려주고, 퀴즈를 맞힌 친구들에게 오렌지를 나눠주기도 했다. 열용량을 가르칠 때는 양은 냄비와 뚝배기를 준비하고, 그 속에 메추리알을 삶아갔다. 한 사람에게 3개씩 나눠주기 위해 몇백 개를 삶아갔는지 모른다.

유전을 가르칠 때는 바지락 껍데기가 필요했다. 미리 삶아서 그 안의 바지락을 모두 뺀 후, 비린내가 나지 않도록 깨끗하게 씻어갔다. 각 반마다 그 한 시간씩의 수업을 위해 몇 시간의 노력을 기울였는지 모른다.

그 뒤 7~8년은 우리 교육의 희망과 행복을 노래하는 교사가 되기 위해 노력했다. 나만의 방식으로 과학개념에 인문학을 융합하여 수업했다.

고등학교에서는 자존을 가르치기 위해 '연금술'과 박웅현 작가의 《여덟 단어》를, 각자의 성공의 기준을 알려주기 위해 '별의 탄생'과 곽수일, 신영욱 작가의 《어느 특별한 재수강》을, 꿈에 대한 이야기를 하기 위해 '오비탈'과 《여덟 단어》의 강판권 씨 이야기를 융합해 수업했다.

중학교 수업에서는 인문학적인 내용을 조금 더 쉽게 구성해야 했다. 중학교 1학년 수준에 맞춰 《개미와 베짱이》, 《토끼와 거북이》, 《꽃들에게 희망을》, 《자존감 수업》 등의 책 내용을 과학개념과 연결해 수업했다. 그러다 보니 어느 순간 자존과 꿈을 가르치는 과학 선생님이 되어 있었다.

교직에 있는 동안 매 순간을 열정적으로 살아간 덕분에 아이들에게 인정받고 사랑받을 수 있었다. 학생들의 인정과 관심, 사랑과 같은 눈에 보이지 않는 보상은 교사로서의 삶에 만족감을 주고, 앞으로 더 나아갈 원동력이 되었다.

지금 와서 생각해보면, 언제나 나는 알게 모르게 원대한 꿈을 꾼 듯하다. 2002년 신규교사가 되었을 때, 너무나 잘 가르치는 선생님이 되고 싶었다. 하지만 잘 가르친다는 것은 추상적이고 정답이 없기에, 나만의 방식으로 그 길을 만들기 위해 노력했다. 어느덧 아이들은 '쉽고 즐겁게' 과학을 '잘 가르치는 선생님'으로 나를 인정해주었다. 2015년 우리 교육의 희망과 행복을 노래하는 사람이 되겠다는 꿈이 생기고, 학생들과 마지막 수업을 하는 그날까지 삶의 가치를 가르치는 교사가 되어 있었다.

앙드레 말로(Andre Malraux)의 저서 《왕도》에 나오는 한 문장이다.

"그렇다. 모두 그렇다. 오랫동안 꿈을 그리는 사람은 마침내 그 꿈을 닮아간다."

'잘 가르치고 싶다.'

'우리 교육의 희망과 행복을 주는 사람이고 싶다.'

그렇게 원대한 꿈을 품었던 것이다. 하지만 그 당시에는 꿈인지도 몰랐다. 과연 '나는 어떤 교사인가'에 대한 물음의 답인지도 몰랐다. 그냥 내가 그 길을 가기로 결정했으니, 따라야 할 그 무언가라고 생각했다. 다른 누군가가 알아주지도 않았고 돈을 더 많이 버는 일도 아니었지만, 내 가슴이 시키는 일이었기에 한 걸음씩 내디딜 수 있었다. 한 걸음, 한 걸음의 시간이 모이니, 어느새 그 길에 나의 모습이 담겨 있었다.

20여 년의 시간이 흐르고 보니, 알게 되었다. 오랜 시간 꿈을 그리는 사람은 그 꿈을 닮아간다는 사실을 말이다. 내가 교사가 아닌 다른 삶을 꿈꾸더라도, 오랫동안 그 꿈을 품으면 이룰 수 있다는 것을 믿게 되었다. 2023년에 사직서를 낼 수 있었던 밑바탕에는 이런 믿음이 자리하고 있었다.

우리는 누구나 가슴 안에 자신만의 꿈을 안고 살아갈 수 있다. 그 꿈을 가슴에 품고 그 길을 가기 위한 노력을 포기하지 않는다면, 오랫동안 꿈을 그리는 사람은 마침내 그 꿈을 닮아간다.

당신 인생의 기준점은 당신 안에 있어야 한다

나는 자존감이 약했다. 교사가 된 후에도 마찬가지였다. 언제나 다른 이들과 나를 비교했다. 주변의 선생님들은 다 잘하는 것이 있는데, 나만 부족한 것 같았다. 그런 생각이 들 때마다 나 자신을 채찍질하곤 했다. 물론 남과의 비교를 통한 노력은 나를 성장시켰다. 하지만 그 과정에서 스스로에 대한 비난과 자책은 언제나 나 자신을 힘들게 했다. 때론 나에게 몹시도 모질게 굴었다.

나의 시선은 항상 다른 누군가에게 있었고, 그 시선이 타인과의 비교를 낳았다. 그렇게 38년을 살았던 그 시절, 나는 나를 알지 못했다. 내가 어떤 사람인지, 나는 무엇을 잘하는지, 내가 좋아하는 것이 무엇인지 생각해본 적 없었다. 내 인생의 터닝 포인트가 생겼던 15년 당시, 내 머리를 크게 내려친 책 한 권이 있었다. 박웅현 작가의 《여덟 단어》였다.

"자존감을 가지는 데 가장 방해가 되는 요인은 아마 우리 교육이 아닐까 싶습니다. 우리나라 교육은 아이들 각자가 가지고 있는 것에 기준을 두고 그것을 끄집어내기보다 기준점을 바깥에 찍죠. 명문중학교, 특목고, 좋은 대학, 좋은 직장, 엄친아, 엄친딸을 따라가는 게 우리 교육입니다. 다시 말해 판단의 기준점이 '나'가 아니라 엄마 친구의 아들과 딸이란 말입니다."

"이렇게 교육받은 우리는 '다름'을 두려워해요. 기준점이 되는 누군가와 다른 내 모습을 상상하지 못합니다. 다 같이 몰려가는 대열에 합류하지 못하면 불안해합니다. 저마다 생김새도 다르고 위치도 다르고 삶의 지향점도 다른데 똑같이 살아야 마음이 편해요. 다른 사람은 어떻게 사는지, 나도 저 사람과 발맞추고 있는지 끊임없이 눈치를 보고 뒤돌아봅니다."

그랬다. 한 번도 의심해본 적 없었다. 모두 다 그렇게 하니까, 항상 남들이 가는 대열로 가야 한다고 생각했다. 다른 이들을 바라보고 나보다 조금 더 나은 이를 부러워하며, 그들과 발맞추기 위한 노력을 지속했다. 학교와 사회에서 말하는, 세상이 말하는 기준을 따르는 것이 당연한 줄로만 알았다. 이 책을 통해 내가 왜 여태껏 항상 남을 의식하고, 그들과 비교하며 살았는지 처음으로 생각해보게 되었다. 알게 모르게 가정과 학교, 사회의 가치관이 아무런 의심 없이 나에게 자리 잡았음을 알았다.

다른 이의 승진에 나의 삶이 아무것도 아닌 것이 되어버린 번아웃의 순간에, 사회의 기준이 아닌 나의 길을 선택할 수 있었던 것은 이 책의 영향이 컸다. 내 삶을 살아가는 데 타인을 기준으로 한다는 것이 처음부터 말이 되지 않았던 것이다. 언제나 내가 가지고 있는 것보다 나에게 없는 것을 주입하며 살았다는 사실도 알게 되었다. 남들에게 좋아보이는 삶이 아닌 내가 살고 싶은 삶을 더 많이 고민했어야 했다.

누군가가 나에게 너만의 특별함을 만들어가라고 말해주었으면 어땠을까? "네 인생은 네 기준대로 살아도 된다"고 알려주었다면, 30여 년을 타인과의 비교로 인한 자책과 비난으로 힘들게 살지 않았을지도 모른다.

이러한 삶의 계기로 우리 교육을 바라보는 시선이 달라졌다. "네 안에 있는 너만의 것을 끄집어내렴" 하고 말해줄 사람이 필요하다고 느꼈다. 모두가 다 공부로 성공하는 것은 아니다. 그럼에도 현재 우리 교육으로 인해 너무나 많은 아이의 자존감이 무너지고 있다.

한 명 한 명 모두, 존재 자체만으로도 가치 있는 아이들이다. 긴 인생에서 누가 더 성공할지, 지금 당장 점수로 재단할 수 없는 것이다.

자신을 가치 있게 여길 수 있도록 '자존'을 알려줘야 했다. 네 꿈을 향해 나아가라고 말해줄 사람이 필요했다. 그 사람이 나인 것 같았다. 아이들에게 자존과 꿈을 가르친 이유였다.

그런데 이상한 일이 벌어졌다. 아이들의 성장을 도운 줄 알았는데, 어느덧 내가 성장해 있었다. 나의 자존이 커졌다. 우리 교육의 희망과 행복을 노래하는 사람이라는, 교사로서의 정체성이 더욱 굳건해짐을 느꼈다. 나만의 길이 생기자 더 이상 다른 선생님들과 비교하는 자체가 무의미했다. 아무도 나와 같은 길을 가는 사람이 없었기 때문이다. 한 발 한 발 나의 길을 내가 만들어가야 할 뿐, 남과의 비교로 자책하거나 스스로 비난하는 일이 없어졌다.

남과 다른 나만의 길이 생기고, 그 길을 추구하기 위한 노력과 열정이 더해져 예전의 삶보다 훨씬 더 행복했다. 나의 자존이 회복되고, 나의 수업에 특별함이 더해지게 되었다. 내 꿈을 향해간다는 의미가 더없이 소중했다.

7~8년 동안 아이들을 위한 인문학 수업을 하다 보니, 나에게 너무나 많은 변화가 찾아온 것이다. 이러한 경험을 통해 마음이 힘든 선

생님들께 도움을 주고 싶었다. 예전의 나처럼 자존감이 약한 선생님들께. 자신만의 특별한 수업을 찾고 싶은 선생님들께. 학생과의 관계가 힘들어 어려움을 겪는 선생님들께. 나의 경험을 통해 이런 분들을 돕고 싶다는 마음이 강하게 들었다.

나의 삶이 이전과 다르게 단단해지다 보니, 우리 교육이 지향해야 할 부분도 알게 되었다. 다른 선생님들에게도 그 길을 함께 가자고 말하고 싶었다. 그렇게 교사를 대상으로 강연을 하며 살 줄 알았다.

교사들을 위한 책을 출판하고 활동하는 과정에서, 선생님들뿐만 아니라 일반인을 대상으로 자존과 꿈에 대한 이야기를 하고 싶다는 생각이 들었다. 나의 자존감이 커지고 주체적인 삶을 살게 되니, 꿈 너머 더 큰 꿈이 생긴 것이다.

나에게 일반인을 대상으로 강연을 한다는 것은, 안정적인 교직이라는 울타리를 벗어나야 한다는 것을 의미했다. 모든 것을 처음부터 다시 시작해야 하는 새로운 길을 걷는다는 건 쉬운 일은 아니었다. 하지만 결국 강연가의 길을 선택했다. 그 길을 선택할 수 있었던 이유는 내 인생의 기준점을 내 안에 찍었기 때문이다.

《정오의 악마》의 폴 부르제(Paul Bourget)의 명언이다.

"당신은 당신이 생각하는 대로 살아야 한다. 그렇지 않으면 당신은 머지않아 사는 대로 생각하게 된다."

당신 인생의 기준점이 당신 안에 있어야 하는 이유다. 당신이 자신에 대해 생각하지 않으면, 언제나 타인을 바라보며 이미 주어진 대로, 짊어진 대로 살아가게 될 것이다. 이제부터라도 자신 안을 바라봐야 한다. 타인의 시선, 가족의 시선까지 모두 거두고, 오로지 자신 안에서 침잠해야 한다. 내가 무엇을 좋아하고 잘하는지, 나는 어떤 삶을 살고 싶은지. 오롯이 나를 알아가기 위해 노력하며 그 방향으로 나아갈 때, 당신 인생의 기준점은 어느덧 당신 안에 있게 될 것이다.

꿈은 찾는 것이 아니라 만드는 것이다

"얘들아! 너희들의 꿈을 찾으렴."

인문학을 융합한 수업을 할 때면 자주 했던 말이다. 하지만 어느 순간 나는 이처럼 말한 것을 후회했다. 자존과 꿈에 대한 수업을 시작한 몇 해 동안 "꿈을 찾으렴"이라고 말했지만, 오히려 이 말은 아이들 스스로 꿈꾸는 것을 더 어렵게 만들었기 때문이다.

"찾으렴", "찾아야 한다"와 같은 표현으로 인해 아이들은 말 그대로 자신의 꿈을 외부에서 찾기 시작한다. 이 사람도 보고, 저 사람도 보고, 자꾸 다른 이들의 삶을 기웃거리게 된다. 다른 친구들은 가지고 있는데 나에게 부족한 듯 보이면 끊임없이 채우기 위해 노력한다. 나에게 없다고 생각하는 것을 밖에서 안으로 주입하는 것이다.

사실은 나도 그랬다. 예를 들어, 내 주변에 열 분의 선생님들이 각각 한 가지씩 잘하면, 나는 그 선생님과 나를 비교하며 그 열 가지를 모두 채우기 위해 노력했다. 그러다 보면 다른 선생님들은 다 잘하는 것이 있는데 언제나 나는 부족하다고만 느꼈다. 부족하다고 느꼈기에 더 많은 연수를 듣고 배우며 익히기 위해 노력했다. 하지만 그러면 그럴수록 채워야 하는 것은 끝이 없었고, 언제나 더 열심히 해야 한다는 마음에 나 자신을 채찍질하곤 했다.

더욱이 연수를 진행하는 강사분들은 그 분야에서 어느 정도 인정을 받은 선생님들이었다. 나와는 전문성이나 깊이에서 차이가 났다. 나도 그들처럼 나만의 것으로 다른 선생님들에게 인정받고 싶었다. 이 길에 접어든 이상, 교사로서 무언가 나만의 무기가 있어야 한다는 생각이 들었다. 나의 무기가 뭔지 모르니, 언제나 다른 이들을 바라보며 나에게 부족한 것을 끊임없이 채우려고만 했다.

어느덧 나에게 우리 교육의 희망과 행복을 주는 사람이 되고 싶다는 꿈이 생겼다. 주변의 선생님들과 다른 나만의 특별함이 생기니, 알게 된 것이 있다. 꿈은 밖에서 찾는 것이 아니라, 내 안에서 만들어야 한다는 것이다. 즉, 남과 다른 나만의 차별성을 갖는 것이다. 그것은 나에게 없는 것을 밖에서 안으로 주입해서 만드는 것이 아니라, 내가 가지고 있는 것을 끄집어낼 때 만들어질 수 있다는 것을 알았다. 남에게는 있고, 나에게 없기에 채우려고 하면 남과 같은 정도밖에 될 수 없다. 나를 남에게 맞추며, 남과 비슷해지려는 마음은 부정적인 감정을 만들며 소모적인 에너지를 쓰게 된다. 남들에게는 없는 나만의 것을 소중하고 특별하게 여기며, 더욱더 계발해나갈 때 남과 다른 나만의 차별성을 만들 수 있다.

그 사실을 알게 된 후 학생들에게 "꿈을 찾으렴"이 아니라 "꿈을 만들어나가렴"이라고 말할 수 있게 되었다. 이 부분을 조금 더 알려주고 싶어 트리나 폴러스(Trina Paulus)의 《꽃들에게 희망을》이라는 책 33권을 사서 카트에 넣고 다녔다. 주로 학기 말 기말고사 시험이 끝나고 방학하기 전쯤 교실에 가지고 들어가 그 반 전체 학생들이 읽을 수 있도록 했다. 《꽃들에게 희망을》 책의 줄거리를 요약하면 다음과 같다.

나뭇잎을 뜯어 먹으며 무럭무럭 자라난 호랑 애벌레는 어느 날 생각한다.

'삶에는 먹는 것 말고 다른 무언가가 있지 않을까?'

이 같은 생각에, 호랑 애벌레는 오랫동안 머물던 나무에서 내려와 자신의 무언가를 찾기 위해 길을 떠난다. 이윽고 호랑 애벌레는 수

많은 애벌레가 서로 다른 애벌레들을 밟고 올라가면서 만든 기둥을 발견한다. 애벌레 기둥 끝은 구름에 가려 보이지 않았지만, 그 꼭대기에는 분명 무언가 있기에, 그 위를 향해 올라가는 것이라고 생각했다. 꼭대기까지 가기 위해서는 서로가 서로를 짓밟아야 했다. 하지만 자신이 찾는 무엇인가가 있을지 모른다는 생각에 호랑 애벌레도 다른 애벌레를 짓밟고 올라가기 시작한다.

힘들게 올라가는 길에 호랑 애벌레는 노랑 애벌레를 만나고, 이야기를 나누면서 서로 사랑을 느끼게 된다. 두 애벌레는 더 이상 올라가지 않고 내려가서 함께하기로 한다. 그렇게 함께하는 시간도 잠시, 호랑 애벌레는 꼭대기에 숨겨져 있는 비밀이 이내 다시 궁금해졌다.

결국 호랑 애벌레는 노랑 애벌레 곁을 떠나고, 혼자 남은 노랑 애벌레는 길을 가다 늙은 애벌레가 나뭇가지에 매달려 고치를 만드는 것을 보게 된다. 늙은 애벌레는 노랑 애벌레에게 고치를 만드는 시간이 지나고 아름다운 나비가 되면, 꽃들에게 희망을 줄 수 있다는 말을 전해준다. 그 말을 들은 노랑 애벌레는 두려웠지만 늙은 애벌레 옆에서 고치를 만들게 된다.

한편 호랑 애벌레는 위로 올라가면 올라갈수록 더욱 무참히 짓밟지 않으면 자신이 밟혀 기둥에서 떨어질 수 있음을 알게 된다. 더욱 맹렬하고 독하게 위를 향해 오르고 마침내 꼭대기에 도달한다. 그러나 그 꼭대기에는 아무것도 없었다. 위에서 바라보니, 주변에는 자신이 올라온 것과 같은 애벌레 기둥만이 수없이 존재하고 있을 뿐이었다.

꼭대기에 아무것도 없다는 것을 알고 실망한 그 순간, 눈앞에 놀라운 장면이 펼쳐진다. 처음으로 나비를 본 것이다. 노랑 나비의 애처로운 눈빛을 보는 순간 호랑 애벌레는 자신이 사랑했던 노랑 애벌레라는 것을 느끼게 된다. 그리고 깨닫는다. 꼭대기에 이를 수 있는 것은 다른 애벌레를 짓밟고 올라오는 것이 아닌 나비가 되어 날아올라야 했다는 것을.

'나는 나비를 봤어. 삶에는 보다 나은 뭔가가 있을 거야.'

호랑 애벌레는 이 말을 속삭이며 다시 땅으로 내려가고, 노랑 애벌레처럼 고치를 틀고 결국 나비가 되어 함께 날아오른다.

그 당시 아이들은 이 책을 읽고, 짝과 토론했다. 고치를 튼다는 것이 어떤 의미인지 이야기를 나누며, '나다움'에 대해 생각해보는 시간을 가졌다.

마치 호랑 애벌레가 다른 애벌레를 짓밟고 올라가며 경쟁을 하는 것처럼, 나도 다른 이들을 바라보며 그들이 할 수 있는 것보다 조금 더 잘할 수 있도록 치열하게 살았다. 하지만 나만의 특별함은 남들이 하는 것에서 생겨나지 않았다. 고치를 틀 듯, 못난 보이고 죽은 듯 보이는 순간, 내 인생의 가장 큰 상실의 순간에 나만의 것으로 다시 태어났다는 것을 알게 되었다.

꿈이란 것은 자기 삶의 과정을 통해 무언가를 극복하고자 할 때, 극복을 위한 과정에서 자신의 시간과 에너지를 들이며 꾸준히 노력했을 때 만들어질 수 있었다. 또한 자신이 세상에 어떤 사람이 되어야겠다고 스스로 정의하고, 그 길을 가기 위한 노력을 기울일 때도 만들 수 있었다.

중요한 것은 서로 똑같은 삶을 살아가는 사람은 단 한 명도 없다는 것이다. 모든 이들은 각자 자신만의 삶을 살아가기에 가고자 하는 지향점도, 극복하고자 하는 아픔도 모두 다를 수 있다. 따라서 모든 이들은 자신의 인생 스토리에서 각자 자신만의 꿈이 생겨날 수 있다는 말이기도 하다.

하지만 우리는 나의 시선을 내 안에 두는 것이 아닌, 다른 이들에게 둔다. 그들과 비슷하게 살아가려다 보니, 내 삶에서 나만의 스토리를 만들어야 한다는 생각조차 하지 못한다. 더 높은 곳을 향해가려면 다른 애벌레를 짓밟고 올라가는 것이 아니라, 결국 고치를 틀고 자신 안에서 변화해서 나비가 되어 날아가야 한다. 비록 지금은 애벌레와 같은 모습일지라도 모든 애벌레에게 저마다 나비의 모습이 있듯, 현재 보잘것없어 보이는 내 모습 안에도 미래에 펼칠 나만의 특별함이 존재하기 때문이다.

당신도 예전의 나처럼 바깥을 바라보며 자신의 꿈이 어딘가에 있을 거라고 찾고 있을지 모른다. 하지만 꿈은 외부에서 찾는 것이 아니라, 내 인생 안에서 내가 만들어가는 것이다. 나의 삶에서 좋아하고 잘하는 것은 더 좋아하고 잘할 수 있도록. 힘들고 어려운 시련과 역경은 이겨내는 과정에서 스스로가 정의한 내 모습을 만들어가면서. 그렇게 내 삶 안에서 나만의 스토리를 녹여내야 한다.

앞으로 나는 어떤 삶을 살아갈지 스스로 방향을 정하고 그 길을 향해 한 걸음, 한 걸음 내디딘 시간이 모일 때 비로소 꿈이 만들어진다. 당신의 삶 안에서 스스로가 정의한 자신의 모습을 만들어갈 때, 당신은 남들과 다른 당신만의 특별함으로 꿈의 길을 만들어갈 수 있다.

자신이 좋아하는 것과 잘하는 것을 만드는 법

"선생님, 제가 뭘 좋아하는지 모르겠어요."

꿈에 대해 수업할 때면, 아이들에게 그 시간은 오히려 힘들고 고통스러워 보였다. 지금 당장 눈에 보이지 않고 답을 찾을 수도 없는데, 꿈에 대해 생각하면 답답하다는 것이다. 지금 짜여진 학원 스케줄에 맞춰 일정을 해내는 것만으로도 바쁘고 지쳐 있었다. 남는 시간에는 핸드폰으로 영상을 보면서, 학교와 학원의 쳇바퀴를 돌며 그간의 수고했던 자신에게 즐거움의 보상을 주는 듯했다.

'나는 어떤 삶을 살고 싶은지', '나는 어떤 사람인지' 자기 내면을 깊이 있게 들여다보고, '자신이 무엇을 좋아하고 잘하는지'를 살펴봐야 하지만 그와 같은 일은 하고 싶어 하지 않았다. 생각해본다고 금세 뚜렷한 답이 나오는 것도 아니니, 답답하기만 하고 귀찮기도 해서 애써 외면하고 싶은 듯 보였다.

우리가 알고 있는 내용 중에 꿈꾸는 것을 어렵게 만드는 부분은 생각보다 많다. 그중 하나는 자신이 좋아하는 것과 잘하는 것을 찾아야 한다는 것이다. 나도 처음 꿈에 대해 수업할 때, 좋아하는 것과 잘하는 것을 찾으라고 말했다. 하지만 이미 여기에서부터 어려움이 발생한다. 아이들은 자신이 좋아하는 것이 매번 달라진다고 했다. 진짜 좋아하는 건지 모르겠다고 했다. 잘하는 것도 마찬가지였다. 잘한다고 하기에는 부족한 것 같고, 나보다 더 잘하는 사람도 많아서 내보이는 것이 부끄럽다고 말했다.

꿈을 만드는 데 필요한 요소인데, 스스로가 이 부분을 찾기 어렵다 보니 아예 생각하기 싫어했다. 자신이 좋아하는 분야와 잘할 수 있는 강점을 파악하는 것은 중요하지만 이 부분을 생각하는 것이 어렵게 느껴지는 데에는 몇 가지 이유가 있다.

이때 오해하기 쉬운 점은, 좋아하는 것을 찾으라고 하면 지금 당장 자신이 좋아하는 것을 떠올리게 된다는 것이다. 그러다 보니, 매번 좋아하는 것이 달라질 수 있고, 무언가 지속할 만큼 정말 좋아하는지 판단이 서지 않는다.

잘하는 것 역시 마찬가지다. 지금 내가 뭘 잘하는지를 떠올리면 잘한다고 느껴지는 것이 없다. 엄청나게 뛰어난 선천적인 재능을 가지고 태어나지 않은 이상, 어느 정도 잘한다고 해도 스스로는 언제나 부족해 보이고 나보다 잘하는 사람은 더 많아 보일 수밖에 없다.

꿈을 만들어가는 원리를 아이들에게 알려주어야 했다. 중학교 과학개념으로는 '구름의 생성 과정'을 접목해서 수업했다. 구름이 생성되는 과정은 사실상 과학개념 자체만으로도 상당히 어렵다. 추상적인 과학개념이 많이 들어가기 때문이다. 이 개념에 유재석 씨의 무명 시절 이야기와 〈말하는 대로〉 노래를 연결했다. 나중에 어른이 되어 구름이 어떻게 생성되는지는 잊어버리더라도, 꿈을 만드는 원리는 기억하고 살았으면 했기 때문이다.

구름 생성 과정은 다음과 같다.

공기 상승 → 기압 하강 → 단열 팽창(부피 팽창) → 기온 하강 →
이슬점 도달 → 구름 생성

이 단계를 칠판 아래쪽부터 위로 올라가게 쓰고, 그림과 함께 설명했다. 구름 생성 과정에 필요한 과학개념을 먼저 설명한 후 유재석 씨의 무명 시절에 대한 이야기와 노래를 연결한 수업이었다.

지구에서는 다양한 이유로 지표면 근처에 수증기를 포함한 공기 덩어리가 상승한다. 이때 지면에서 높아질수록 기압이 낮아지기 때문에, 공기 덩어리는 위로 올라갈수록 부피가 커지게 된다. 이것은 풍선을 떠올려보면 된다. 하늘 높이 올라갈수록 기압이 낮아지며 풍선의 부피가 커지듯, 눈에 보이지는 않지만 공기 덩어리의 부피도 점점 커지게 된다.

공기 덩어리의 부피가 팽창하는 데 있어 열에너지를 소모하다 보니 공기 덩어리 내부의 온도는 낮아진다. 온도가 낮아지다 보면 기체가 액체로 되는 순간이 생길 수 있다. 공기 중의 기체 상태로 존재하던 수증기가 액체 상태인 물방울로 맺히게 되는 온도까지 도달하는 것이다. 이때 수증기가 물방울로 바뀌는 현상을 응결이라 하고, 응결이 시작하는 온도를 이슬점이라고 한다. 이렇게 이슬점까지 도달하면 눈에 보이지 않던 기체의 수증기는 액체의 물방울이 되어 비로소 우리 눈에 구름으로 보이게 된다.

국민 MC라 불리는 유재석 씨는 약 8년여 정도의 무명 시절이 있었다고 한다. 개그맨의 길을 가기로 처음 마음먹은 순간이 마치 지표면에서의 공기 덩어리의 상승일 수 있다. 그렇게 그 길을 향해 위로, 위로 열심히 향해간다. 핑크빛의 길이라고 생각했을 수 있겠지만, 1~2년여 정도 무명의 시간이 지속되었다. 그래도 그 과정은 공기 덩어리의 부피가 커지듯, 그 길에 필요한 자신의 여러 가지 능력들을 채우며 조금씩 커지고 있었을지 모른다.

위로 올라갈수록 공기 덩어리의 부피가 더 많이 커지듯, 3~4년을 지속했을 때는 1~2년 때보다 조금 더 채워가며 자신의 능력을 키웠을 것이다. 5~6년 정도 지났을 때와 7~8년이 되었을 때까지도 포기하지 않고, 그 길을 걸어감에 있어 필요한 능력과 재능은 더욱 단련되고 계발되어 쌓였을 수 있다. 마치 공기 덩어리의 부피가 엄청나게 팽창하듯이 말이다. 하지만 7~8년이라는 긴 시간 동안 무명 시절을 견뎌야 하는 그 내면의 마음은 어땠을까?

외부 에너지의 유입 없이 공기 덩어리 부피가 커지는 데에(단열 팽창) 오롯이 내부의 열에너지를 쓰게 되어 기온이 하강하듯, 유재석 씨의 내면 안에서도 기온 하강과 같은 마음이 들 수 있다. 1~2년의 무명일 때는 조금 더 열심히 하다 보면 언젠가는 되겠지 싶었을 것이다. 3~4년 정도 되었을 때는 '이렇게 하는 게 맞나?' 싶은 마음이 들었을지 모른다. 5~6년의 무명생활이 지속되었을 때 '이게 정말 될까?', '이 길을 가는 게 맞나?' 싶은 생각을 했을지 모른다. 7~8년 동안 무명생활일 때에는 '그만 포기해야 하나' 싶었을 것이다.

하지만 그와 같은 내면의 기온 하강을 버티고 포기하지 않고 그 길을 끝까지 갔다. 결국 물방울로 맺히는 이슬점에 도달하듯, 자신의 임계점에 도달한 것이라고 말해주었다. 그러하기에 눈에 보이지 않던 공기 중의 수증기가 물방울인 구름이 되어 비로소 우리 눈에 보이기 시작하듯, 무명 시절을 견디어낸 유재석 씨가 자신의 임계점을 넘은 순간 지금 우리 곁에 국민 MC로 자리 잡을 수 있었다고 말해주었다. 물론 이 이야기가 유재석 씨의 삶과 완전히 일치한다고 볼 수 없다. 하지만 아래의 가사를 보면, 20대의 힘들었을 순간의 자전적 가사가 나온다.

그와 같은 무명 시절 때의 심정이 〈말하는 대로〉 노래 1절에 나오기에 노래도 들려주었다.

나 스무 살 적에 하루를 견디고
불안한 잠자리에 누울 때면
내일 뭐하지 내일 뭐하지 걱정을 했지
두 눈을 감아도 통 잠은 안 오고
가슴은 아프도록 답답할 때
난 왜 안 되지 왜 난 안 되지 되뇌었지

'내일 뭐하지', '난 왜 안 되지' 라는 마음이 들 때 자신의 개그가 좋기만 했을까? 진정 자신이 잘하는 것이라고 생각할 수 있었을까?

내가 좋아하고 잘하는 것은 그 분야에 적어도 5년에서 10여 년 동안 꾸준히 노력하며 그 길을 걸어갈 때 비로소 만들 수 있다. 일단 내가 해보고 싶은 분야를 선택한 후 그 일을 해나감에 있어 좌절하기도 하고, 나에게 재능이 있는지 반문하기도 하며, 스스로에게 필요한 능력과 자질을 계발해나가야 한다. 꾸준히 자신의 시간과 에너지를 들이며 노력해나가다 보면, 어느새 잘할 수 있게 되고 잘하게 되면 좋아하게 될 수 있다. 좋아하는 것, 잘하는 것은 이와 같은 긴 시간과 노력, 에너지를 써서 만들어내는 것임을 우리는 잘 모른다.

인생에서 자신의 소중한 시간을 들일 만큼 해보고 싶은 분야를 먼저 생각해봐야 한다. 이것이 첫 단계다. 기체는 우리 눈에 보이지 않듯이 첫 단계에서의 우리는 모두 무명 상태다. 눈에 보이지 않는 기체가 눈에 보이기 시작하는 것은 액체나 고체와 같은 상태가 되었을 때다. 액체나 고체와 같은 상태가 되기 위해서는 온도가 매우 낮아져야 하듯, 우리도 고단하고 힘든 내면의 순간을 오랫동안 버텨야 할 수도 있다. 그 시간이 길면 길수록 포기하고 싶은 자기 자신과의 싸움이 펼쳐질 것이다. 그럼에도 그 끈을 놓지 않고 자신의 재능과 능력을 연마하며 꾸준히 지속할 때, 비로소 눈에 보이는 액체 상태인 물방울의 구름을 만들 수 있다.

그 과정에서 좋아하게 되고 잘하게 된 것들이 그 힘든 순간들을 버텨내게 해준다. 또한 그와 같은 강점들이 결국 자신만의 특별함을 만들어줄 것이기에 꿈을 만드는 데 있어 중요한 요소가 된다. 우리가 기억해야 하는 것은 '좋아하는 것'과 '잘할 수 있는 것' 역시 내 안에서 시간과 노력을 기울이며, 오랜 시간 동안 만들어가야 한다는 것이다.

결국 당신이 좋아하고 잘하는 것을 만드는 방법의 하나는 자신이 선택한 분야에서 오랜 시간 동안 최선을 다하고 정성을 들이는 것이다. 그 일이 좋기만 하고, 잘해서 해나가는 것이 아니다. 처음의 그 과정은 힘들고 하기 싫고 견디기 어려울 수도 있다. 그럼에도 불구하고 당신에게 주어진 것에 최선을 다해 꾸준히 하다 보면, 단련되고 익숙해지면서 자신의 능력을 갖출 수 있다. 그와 같은 과정을 걸쳤다면 어느덧 당신은 뭘 좋아하고 잘할 수 있는지 알게 될 것이다. 왜냐하면 이미 당신 안에서 당신도 모르게 만들어놓았기 때문이다.

우리는 자신이 원하는 삶을 살 수 있다

"에이, 선생님이 몰라서 그래요."

"세상이 그렇게 만만치 않아요"

"꿈을 찾는 게 더 어려워요."

"그냥 공부해서 좋은 대학 가서 대기업에 취직하는 게 나아요"

2021년 어느 과학 수업에서 15세의 아이가 44세의 나에게 해준 이야기였다.

1년에 한두 번씩은 학생들에게 꼭 들려주는 노래가 있다. 처진달팽이(유재석, 이적)의 〈말하는 대로〉라는 노래다. 노래의 가사를 보면 1절과 2절의 내용이 사뭇 다르다.

말하는 대로

1절

말하는 대로 말하는 대로

될 수 있다곤 믿지 않았지

믿을 수 없었지

마음먹은 대로 생각한 대로

할 수 있단 건 거짓말 같았지

고개를 저었지

〈중략〉

2절

말하는 대로 말하는 대로

될 수 있단 걸 눈으로 본 순간

믿어보기로 했지

마음먹은 대로 생각한 대로

할 수 있단 걸 알게 된 순간

고갤 끄덕였지

〈중략〉

지금 바로 내 마음속에서 말하는 대로

말하는 대로(말하는 대로)

될 수 있다고(될 수 있다고)

그대 믿는다면

〈후략〉

이 노래를 들려주고, 유재석 씨의 무명 때의 이야기도 해주며 이렇게 말했다.

"얘들아, 결국 말하는 대로, 생각하는 대로 자신이 원하는 삶을 살 수 있대."

앞서 소개한 아이들의 대답은 내가 던진 이 한마디에 대한 답변이었다. 세상이 그렇게 호락호락하지 않다며, 꿈을 찾기가 더 어렵다며, 대기업에 들어가야 한다며, 저마다 한마디씩 이야기했다. 오히려 한 여학생은 아쉬워하며 이렇게 말했다.

"세상이 내가 원하는 대로만 된다면 얼마나 좋겠어요!"

현실적인 아이들의 답변에 비하면, 얼마나 순진한 44세 선생님의 말도 안 되는 소리였는지 모른다. 하지만 이 수업을 여러 해 동안 진행하면서 이상하다고 느낀 적은 단 한 번도 없었다. 그랬던 2021년, 나는 나의 말을 처음으로 이상하게 느꼈다.

예전부터 교사의 언행일치를 강조하곤 했다. 내가 하지 않는 것은 아이들에게 강요하지 않았다. 학생들에게 꼭 필요하다고 생각하는 것에는 내가 먼저 실천하기 위해 노력했다. 한데 이 수업에서, 나는 이렇게 말하고 있었다.

"말하는 대로, 생각하는 대로 자신이 원하는 삶을 살아갈 수 있대."

사실은 아이들에게 이렇게 말했어야 했다.

"얘들아, 너희가 생각하는 대로, 바라는 대로 네가 원하는 삶을 살 수 있단다."

"있대"가 아니라 "있다"라고 말했어야 했다. "~할 수 있대"는 다른 이의 말을 전하는 것이었다. 내 삶의 경험을 통해 나온 말이 아니었다. 그 당시 나는 선생님들과 학부모 앞에 강연가로 서야겠다는 생각을 진지하게 품기 시작한 지, 이미 5년여의 세월이 넘은 때였다. 강연가의 길을 어떻게 가야 할지 몰라 망설이고 주저하고 있었다. 나도 내가 원하는 삶을 살지 못하면서 원하는 삶을 살 수 있대를 외치고 있었다. 그 순간 부끄러웠다. 선생인 나도 못 하는 것을 너희들은 할 수 있다며 부르짖는 내 모습이 몹시 부끄러웠다.

그해 마지막 수업 날 나는 아이들에게 말했다.

“이제 선생님은 다른 선생님들 앞에서 강연할 거야.”
“꿈을 이룬 모습을 나의 삶을 통해 보여줄게.”

15세의 나이 어린 학생들이 44세의 선생님에게 말해주었다.

“선생님의 꿈을 응원해요!”
“꿈을 이룬 선생님의 모습을 어디에서 다시 볼 수 있을까요?”

그 아이들의 응원이 아직도 생생하다. 지금 가고 있는 이 길이 나 혼자만의 길이 아닌 이유다. 자존과 꿈을 가르쳤던 나의 학생들에게 내 삶을 통해 보여줘야 하기 때문이다.

“얘들아, 이것 봐! 내가 생각하고 말하는 대로, 바라는 대로 자신이 원하는 삶을 살 수 있단다.”

어느덧 꿈 너머 꿈이 생겨, 선생님들과 학부모뿐만이 아닌 일반인을 대상으로 강연을 하는 더 큰 꿈을 가지게 되었다. 여기까지 올 수 있었던 것은 국민 MC 유재석 씨의 삶이 담긴 자전적 가사 〈말하는 대로〉의 내용을 믿었기 때문이다.

우리는 자신이 생각하고 말하는 대로, 원하고 바라는 대로 자신의 인생을 만들어갈 수 있다. 내가 원하는 길을 갈 수 있다는 자신에 대한 믿음이 있으면 된다. 그 꿈을 오랫동안 가슴에 품고 지속해가면, 결국 그 꿈에 닿을 수 있다는 사실을 알면 된다.

다만, 그 길은 오랜 시간이 걸릴지도 모를 일이었다. 꿈을 포기하지 않기 위해, 퇴직 후 생계 수단을 만들기 위한 노력을 먼저 기울였던 이유다. 어느덧 월급을 대체할 경제적인 수단이 안정되고, 이제는 한 걸음 더 내디딜 수 있게 되었다. 당신도 나처럼, 당신의 꿈의 길을 가기로 결단한다면, 우리는 모두 자신이 원하는 삶을 살아갈 수 있다.

흔들리지 않고 피는 꽃이 어디 있으랴

흔들리지 않고 피는 꽃이 어디 있으랴

흔들리지 않고 피는 꽃이 어디 있으랴
이 세상 그 어떤 아름다운 꽃들도
다 흔들리면서 피었나니

〈중략〉

아프지 않고 가는 삶이 어디 있으랴
이 세상 그 어떤 반짝이는 삶들도
다 아픔 속에서 살았나니

〈후략〉

– 시인 도종환 –

몸이 아프기 시작했다. 처음에는 마음만 답답했는데, 이윽고 몸이 아파 왔다. 역류성 식도염과 위염은 기본이었고, 무엇보다 안구 건조로 인해 눈의 통증이 심한 날은 눈을 뜨고 있을 수 없었다. 눈을 감아서 안 아프면 좋으련만. 눈을 감고 있어도 한번 시작된 통증은 쉽게 가라앉지 않았다. 그런 날은 침대에 가만히 누워서 눈을 감고 있었다. 누가 보면 편하게 누워 있는 것 같겠지만, 눈을 감아도 모래를 넣은 것처럼 눈이 콕콕 쑤시는 느낌은 정말 힘들었다. 통증으로 인해 잠을 잘 수도 없고, 그런 날이 자주 찾아왔다.

그러다 보면 머릿속이 복잡했다. 내가 왜 이러나 싶은 생각에 무척 서글펐다. 가족들에게 말할 수도 없었다. 이해할 수 없을 테니 말이다. 왜냐하면 나조차도 내가 왜 이런지 알 수 없었다. 남들이 전혀 이해할 수 없는 병이 생긴 것이다.

표면적으로 나의 삶은 변한 것이 없었다. 학교에 출근해서 수업과 업무를 하고, 퇴근 후 집으로 돌아와 엄마의 역할을 충실히 하는 하루였다. 물리적으로 보이는 모습은 예전과 달라진 것이 전혀 없었다. 문제라면, 내 안에 엄청난 꿈이 생긴 것. 문제라면, 그것이 문제였다.

학생들과 자존과 꿈에 대해 수업하며, 어느덧 나는 현재의 우리 교육을 바꾸고 싶다는 포부가 생겼다. 아이들의 인식을 바꾸는 것으로 부족했다. 교육의 3주체가 학생, 교사, 학부모라면, 교사와 학부모의 인식을 바꿔야 했다. 그래야 우리 교육이 변화할 수 있을 것 같았다. 하루라도 빨리 교사와 학부모 앞에 서서 우리 교육이 가야 할 지향점을 제시하고 싶었다. 마치 백년전쟁에서 프랑스를 구한 잔 다르크(Jeanne d'Arc)와 같은 사람이 되어야 할 것 같았다. 교사와 학부모의 인식을 바꾸면 경쟁과 입시 위주의 우리 교육이 조금은 달라질 거라고 생각했다.

아이들 자신이 좋아하는 것을 찾고, 그 꿈을 향해갈 수 있도록 부모의 인식이 바뀌기를 바랐다. 남들의 시선에 좋아 보이는 삶이 아닌, 자신이 주도적으로 만들어가는 삶이 되어야 한다고 말하고 싶었다. 교사와 부모들에게 그와 같은 이야기를 전할 수 있기를 바랐다. 2017년부터 교직에 있던 마지막 해인 2021년까지 5년여간 그 길을 어떻게 가야 하나 싶어 깊은 고민과 방황을 거듭했다.

하지만 누가 나를 불러줄까? 40만 명 교사 중에 일개 한 명일 뿐이었다. 그 생각을 하면 답답했다. 학생이 아닌 교사나 학부모와 같은 어른들 앞에 서기 위해 어떻게 해야 할지 방법을 몰랐다. 내가 어떤 사람인지, 어떤 일을 하고 싶은지 말하고 싶지만, 어찌하면 될지 알 수가 없었다. 이미 마음 안에는 우리 교육 현실에서 변화의 바람을 일으킬 엄청난 사명감에 불타 있었다.

주변 선생님들에게 나의 꿈은 '우리 교육의 희망과 행복을 노래하는 사람'이라고 말하면, 다들 난색을 보였다. 대학이라는 하나의 대열이 아닌 아이들 각자가 가고 싶은 길을 가야 한다고 말하면, 현 교육체제에서는 어렵다며 너무 이상적이라고 했다. 그렇다고 포기할 수는 없었다. 나부터라도 시작해야 한다는 생각이 들었다. 그런 나의 작은 움직임이 우리 교육의 커다란 나비효과를 가져오기를 바랐다. 어서 빨리 선생님들과 학부모 앞에 서서 그 길을 함께 하자고 말하고 싶었다.

하지만 같은 교직에 있는 교사끼리도 교육에 대한 가치관이 너무 많이 달랐다. 나의 마음과 다르게 5년여의 현실은 달라진 것 없는 일상 속 반복된 생활뿐이었다. 무언가 하고 싶은 일이 있는데, 하지 못함에, 아니 할 수 있는 방법을 모름에 가슴이 답답했다. 열망은 커지는데 행동은 못 하고, 생각만 하다보니 머릿속이 복잡했다. 아무 행동도 하지 못한 채 시간만 흐르니, 결국 아픈 증상이 몸에까지 나타났다.

이미 2017년부터 책을 써야겠다고 마음먹었지만 한 번도 써본 적 없기에 자신이 없었다. 가슴에 담긴 말들을 글로 쓰고 싶은 마음만 가득할 뿐, 책은 아무나 내는 것이 아니라고 생각했다. 그 이유는 3가지였다.

첫째는 박사나 의사와 같은 전문가도 아닌, 같은 교사의 글을 누가 읽을까 싶은 생각이 들었다. 둘째는 본질을 바라봐야 하는 재미없는 나의 진지한 이야기를 읽고 싶어 하지 않을 거라 생각했다. 셋째는 나의 인격이 아직 완성되지 않았다는 것이다. 책을 쓸 만큼의 인격을 갖추지 못했다고 생각했다. 이 3가지 이유는 5년여 동안 나의 발목을 붙잡았다. 단 한 발짝도 나가지 못하게 했다. 오로지 머릿속으로 생각했다. '될까? 안 될까?', '할 수 있을까?', '글을 써본 적도 없는데?', '책을 낼 수 있을까?', '글을 썼다고 한들 누가 내 책을 볼까?', '책을 쓸 만큼의 자격이 될까?' 등 생각이 이어졌다.

이런 갈등과 고민의 시간을 보내다, 결국 2022년에 교사들을 위한 책을 출간했다. 책을 내고 보니 나 자신이 만든 3가지 이유가 얼토당토않다는 것을 알았다. 할 수 없다고만 생각하니 할 수 없는 이유를 만들어냈고, 그 이유를 나의 능력으로는 해낼 수 없는 한계처럼 받아들였다. 나 스스로 만들어낸 한계를 벗어나는데, 자그마치 5년이라는 시간이 걸렸다.

흔들리지 않고 피는 꽃이 어디 있으랴! 젖지 않고서 피는 꽃이 어디 있으랴!

꽃이 피기 위해서는 흔들리기도 하고, 비에 젖기도 해야 한다. 그렇게 흔들리며 젖으며 아파했던 5년의 시간이었다. 그 시간 동안 행동하지 못함에 대한 고민과 방황으로 몸과 마음의 아픔을 온몸으로 겪어냈다. 사람이 하고 싶은 일을 하지 못하면, 몸이 아플 수 있다는 것도 처음 알았다.

그처럼 5년의 시간은 꽤 길고도 힘든 나날이었다. 왜 이리 오랜 시간을 방황해야 했을까? 한 가지는 확실히 말할 수 있을 것 같다. 긴 시간의 고민과 방황이었기에 내가 갈 길을 명확히 할 수 있었다. 잠시 스쳐 지나가는 생각이 아님을 증명했다. 하고 싶고, 되고 싶다는 마음은 더욱더 간절해지고 절박해졌다.

단단한 연장을 만들기 위해 쇠의 담금질이 필요하듯, 나에게도 꿈의 담금질의 시간이 필요했나 보다. 앞으로 걷고자 하는 길에 어떤 어려움이 닥치더라도, 더 단단해지라고 그토록 긴 시간을 고민하며 힘들게 보낸 듯하다. 어쩌면 우리의 인생은 더 단단해지기 위해 흔들리고 젖으며, 수없이 아파하며 그렇게 새로운 꽃을 피워내는 건지도 모르겠다.

지금처럼 살거나 지금부터 살거나

바보같이.

눈물이 하염없이 흘렀다. 뭐가 그리 슬픈지 눈물이 멈추지를 않았다. 나는 나 자신을 회유해야만 했다. 이제 그만 마음을 접기로 했기 때문이다. 아직 무언가 펼쳐보지도 못했는데, 현실의 벽은 단단하고 거대해 보이기만 했다. 그 앞에서 한없이 작아져 있었다.

내가 나를 만난 것.
결국 나는 어떤 교사인가를 생각하게 되었다는 것.
그것이 교사로서의 삶인지 알았는데, 내 인생 전체를 움직이고 있다는 것.

남과 같은 삶을 살아가게 되는 것이 두려웠는데,
이젠 남과 다른 삶을 살아가는 것이 이토록 불안하고 두려울 줄이야.

하지만 어쩌랴. 그게 그냥 나다.
나를 인정하고 받아들이라는 말.
남들이 보기에는 왜 저렇게 피곤하게 사는지, 왜 저렇게 오지랖으로 살아가는지.
이해할 수 없는 내 모습이 그냥 그게 나다.
나쁜 건지, 좋은 건지, 착한 건지, 무식한 건지 잘 모르겠지만 그냥 그게 나인 거다.

상처받고 힘들어하는 다른 선생님들이 안타깝고,
현 교육에서 상처받고 쳇바퀴 돌며 꿈꾸지 못하는 우리의 아이들이 안쓰러우며,
자신의 삶과 타자의 삶을 구별하는 눈을 갖지 못한 이 땅의 젊은이들의 모습이 슬프고,
그렇다고 이렇다 하게 내 앞길을 흔들림 없이 개척해나가는 그런 모습이 아닌,
이리저리 흔들리고 불안하고 갈등하고 괴로워하는 나 자신이 처량하다.

하지만 어찌하랴. 그냥 이런 모든 내 감정과 생각이 그냥 정말 나라는 인간이다.
난 나를 인정해야 했다. 왜 이리 세상의 모든 상처를 다 끌어안고 살아가는지.
어떨 때는 정말 터져버릴 것만 같다. 나에 대한 자책과 스스로에 대한 연민으로.
이렇다고 교육이 바뀌지도, 나 하나 이렇게 변했다고, 세상이 변하지도 않을 텐데.
왜 혼자 이렇게 눈물을 흘리며 답답한 가슴을 치며, 하루에도 몇 번씩 터져버릴 것 같은 가슴을 부여잡고, 한숨을 내쉬며 눈물을 떨구어야 하는 건지.

가끔 나 자신에게도 묻고 싶다.
왜 그러고 사니?
정말 이게 네가 살고 싶은 삶이니?
너 하나가 뭐 얼마나 많은 변화를 이끌어내겠다고.

너조차도 흔들리고 갈등하며, 너의 딸들에게도 그런 방향을 제시하지도 못하면서.
도대체 왜 그렇게 힘들게 살아가려고 하니.

예전처럼 좀 더 심플하게, 좀 더 단순하게 살아가면 안 될까?
제발 부탁할게.
그냥 학생들 열심히 가르치고, 남들 하듯이 부장하고, 기회 되면 관리자도 하고.
왜 자꾸 다른 길을 가려고 하니, 그 길이 정말 너의 길이니, 그곳으로 가면 뭔가 다른 삶이 펼쳐질 것 같니, 지금보다 더 나은 삶일 것 같니.
왜 자꾸 남들과 멀어지는 길에서 한 발 두 발 어디로 어떻게 내디뎌야 할지 몰라, 이렇게 살얼음을 걷듯이 혼란스럽게 걸어야 하는 거니?

- 2019년 8월 어느 날, 제주에서 -

2019년 그해 여름, 두 딸만 데리고 제주도 2주 살기를 강행했다. 떠나기 2일 전에 숙소와 비행기 표를 끊고 무턱대고 떠난 여행이었다. 그 당시 초등학생이었던 아이들을 위한 제주살이 여행이라는 핑계를 댔지만, 사실상 나를 회유하기 위한 여행이었다. 차량을 렌트하지 않았기에 공항에서 가까운 함덕해수욕장 근처의 숙소를 구했다. 두 딸과 뜨겁게 햇살이 내리쬐는 제주에서 버스로 바다와 조천읍 도서관을 다니며, 2주 정도 지냈다.

새벽과 저녁 시간을 이용해 혼자 바다를 1~2시간씩 걸으며 생각했다. '그만하자', '이제 다시 예전처럼 돌아가자', '다른 교사들처럼, 그들처럼 살자', '내가 뭐라고', '나 하나가 뭐라고', '세상을 어떻게 변화시키겠다고', '나 까짓 게 뭐라고'.

나 자신을 달래기도 하고, 윽박지르기도 하면서 제주에 있던 2주 동안 걷고 또 걸었다. 걷고 또 걷는 동안 하염없이 눈물만 났다. 이러지도 저러지도 못하는 내 모습이 처량했다. 우리 교육의 변화를 위해, 교사와 부모들의 인식을 바꾸기 위해 그들 앞에 서고 싶었지만, 그 길이 보이지 않았다. 가슴에 뜨거운 불덩이가 있는 것 같았다. 하지만 그 불덩이를 어떻게 해야 할지 몰라 속만 태우고 있었다.

몸도 아프고, 마음도 아프고, 결국 내가 할 수 있는 것은, 나 자신을 설득하는 방법뿐이었다. 현실에 맞춰서 살자고. 지금도 나쁘지 않다고. 이렇게 살아도 괜찮다고. 그렇게 달래려고 제주로 향했다.

나의 메시지를 전하고 싶다는 열망은 강했지만, 그 길을 어떻게 가야 할지 몰랐다. 학교생활을 하면서 천천히 준비해보라는 조언도 받았지만, 올인하는 나의 성격상 학생들을 가르치며, 다른 준비를 한다는 것은 쉽지 않았다. 5년 후, 10년 후, 나의 자리는 학생을 가르치는 교단이 아니라 강연하는 강단이 될 것이라 느꼈다. 그렇다면 지금의 학교 현장은 내가 있을 곳이 아니라고 생각했다. 학교 현장을 벗어나 강연하는 강연가의 길을 추구해가야 할 것만 같았다.

하지만 현실의 벽은 높았다. 나에게 교직은 학생들과의 관계를 떠나, 나의 생계와도 밀접한 관련이 있었다. 퇴직한다면 당장 먹고살 걱정부터 해야 했다. 더욱이 가르치는 직업은 다른 직종으로 이직이 쉽지 않다. 나이는 어떠한가! 이미 마흔을 훌쩍 넘은 나이였다. 혼자의 몸도 아니었다. 나에게는 부양해야 할 아이들이 있었다.

더욱이 나의 직업은 교사였다. 누구나 부러워하는 방학과 안정적인 정년, 연금을 받을 수 있는 위치였다. 그런 안정적인 직장을 두고 나간다는 것은 미친 짓이나 다름없었다. 머릿속으로는 말도 안 된다고 생각하면서도 가슴이 말을 듣지 않았다. 사춘기 아이처럼 그렇게 몹시도 방황했다. 하지만 40대의 방황은 그리 순수하지도 멋지지도 않았다. 지금의 삶을 유지할 돈만 있다면, 내가 하고픈 일을 할 텐데. 내가 돈이 없어 하고 싶은 일도 당장 못하는구나 싶은 생각에 몹시도 서러웠다.

제주에서 집으로 돌아가기 며칠 전, 도서관에서 제갈현열 작가의 《지금처럼 살거나 지금부터 살거나》라는 책을 집어 들게 되었다. 자기 인생의 길목에서 고민과 방황을 하고 결국 새로운 길을 간 작가의 모습이 보였다. 하지만 나는 이 책을 쓴 작가와 같은 용기가 없었다. 새로운 길이 내 앞에 펼쳐진 것이 아니었기 때문이다. 찾아가는 방법을 몰라 앞날이 막막했기 때문이다. 모든 것이 두렵기만 했다. 결국 2019년 당시 나는 '지금처럼 살거나'를 택했다.

그때 내가 모르던 것이 있다. 가고자 하는 길이 내 눈앞에 당장 펼쳐지지 않는다는 것이다. 왜냐하면 그 길은 앞으로 만들어가야 하기 때문이다. 그 당시 방법이 보이지 않는다며, 막막함에 주저앉고 말았다. 그 길을 가겠다고 결단하고, 갈 수 있는 방법을 찾았어야 했던 거다. 자신 인생의 길은 누가 대신 만들어주거나 찾아주지 않는다. 내가 그 길을 걸어가겠다고 결정한 순간, '지금부터 살거나'의 인생이 펼쳐지는 것이다.

당신이 당신의 인생을 바라볼 때, 가고 싶은 길의 앞날이 보이지 않을 수 있다. 앞날이 보이지 않는 이유는 당신이 그 길을 가겠다고 한 발짝 내딛는 순간부터, 당신의 한 걸음 한 걸음의 발자국이 모여 비로소 새로운 길을 만들기 때문이다. '지금처럼 살거나' 아니면 '지금부터 살거나' 2가지 인생길의 선택은, '그 길을 걷겠다'라는 당신 자신의 결단으로부터 시작된다.

당신의 삶에
범퍼 역할의 순간이 필요하다

몇 해 전, 딸아이를 태우고 집으로 가는 길이었다. 신호등의 빨간 불을 보고 천천히 브레이크를 밟는 순간, 뒤에서 쾅 소리가 났다. 얼굴과 목이 창문에 닿을 만큼 몸이 앞으로 쏠렸다. 딸아이는 앞으로 튕겼다가 조수석 차 문 쪽으로 머리를 다시 박았다. 나는 운전석 의자 뒤쪽으로 머리가 다시 젖혀졌다. 안전벨트를 매고 있었고, 속도가 크게 나지 않았음에도 말이다.

차 사고는 처음인지라, 몸의 반응도 반응이지만, 정말 심장이 덜컥 내려앉았다. 너무나 놀랐고, 머리가 앞으로 쏠렸다가 뒤로 젖히는 바람에 목이 아프긴 했다. 드라마에서 보면 뒤 목을 잡으며, 차 문을 열고 나오는 이유를 알게 되었다. 느끼기에는 엄청난 충격이었는데, 나의 차는 범퍼 정도만 찌그러진 정도였다. 심하게 차가 부서진 줄 알았는데 그렇지는 않았다. 범퍼가 찌그러지며 충격을 흡수했기에 그래도 이만한 게 아닌가 싶었다.

빠른 속도로 달리고 있다가 뒤 차가 박았다면, 엄청나게 더 큰 충격을 받았을 것 같다. 충격을 완화 시켜줄 범퍼의 역할이 있다는 것이, 다행이라는 생각을 처음으로 해봤다. 그날 범퍼가 없었다면 훨씬 더 큰 충격이 나와 딸아이를 덮쳤을 것이다.

살아가는 동안 인생에 큰 충격이 온다면 어떻게 해야 할까? 우리의 삶에도 충격을 완화시켜줄 범퍼 역할의 순간이 필요하지 않을까!

제주 여행 이후, 나는 학교생활을 정말 열심히 했다. 어쩌면 다른 길을 잊기 위해 더욱더 열정적으로 보냈는지 모르겠다. 나의 메시지를 세상에 전해야 한다는 열망은 작아졌고, 예전만큼 자주 생각하지 않으려 노력했다. 교직이라는 현재의 자리에 만족하는 삶을 살기로 했다. 더욱이 그 당시는 처음 겪는 코로나19로 인해 학교는 비상사태였다. 대처 방안을 마련하느라 정신없었다. 그렇게 2020년부터 2021년까지 부장교사를 하며 한동안 더 정신없이 살았다. 하지만 그럼에도 마음 한편에 공허함은 남아 있었다. 애써 느끼려 하지 않았을 뿐이다.

코로나19 시기에도 과학개념과 인문학을 융합한 수업을 1년에 몇 번씩 진행했다. 그러던 어느 날 문득 내가 교직에 안주하고 있음을 알았다. 학생들에게 원하는 삶을 살 수 있다고 말하면서, 정작 나는 내가 바라는 삶을 살고 있지 않다는 것을 깨달았다.

결국 2022년, 나는 자율연수휴직을 신청했다. 그렇게 학교 밖으로 나왔고, 다시 제자리로 돌아가는 시점까지 나에게 딱 1년의 시간이 주어졌다. 그 시기에 나는 오래전부터 하고 싶었던 선생님들을 위한 책을 출간했다. 긴 시간 동안 할 수 없다고만 생각했던 일을 해냈을 때의 성취감은 이루 말할 수 없었다. 모든 게 스스로 만든 한계였을 뿐, 단단해서 깨지지 않는 진짜 현실의 한계가 아니었다는 것도 알았다. 무엇을 하든지 마음을 먹고, 방법을 찾으면 뭐든 할 수 있겠다는 생각도 그즈음 들기 시작했다. 내가 하고 싶은 일을 하며 산다는 것은 더없이 행복했다.

학교는 학생들과의 수업도 있지만, 그 외 다양한 업무를 해야 한다. 가르치는 것보다 다른 업무의 비중이 훨씬 더 컸다. 더욱이 나는 우리 교육에 대한 시선이 바뀌기 시작했다. 지필평가와 수행평가를 보고 점수를 매기는 현재의 교육이 불편해지기 시작한 것이다. 내가 아무리 자존감 수업을 진행해도, 시험 한 번에 학생들의 자존감은 곤두박질치곤 했다. 그렇다고 나만 현재의 평가 방식이 아닌 다른 방법으로 할 수도 없는 노릇이었다.

학교를 떠나니 더 이상 불필요하게 느껴졌던 여러 업무와 평가를 하지 않아도 되었다. 휴직의 시간 동안, 하고 싶지 않은 일은 하지 않아도 되는 자유를 얻었다. 온종일 내가 하고 싶은 일만 할 수 있는 자유도 주어졌다. 책을 보고, 글을 쓸 수 있는 시간이 너무나 좋았다. 정시에 출근해서 퇴근하는 시간까지 주어진 일을 해내야만 하는 삶과는 차원이 달랐다. 내 시간을 오롯이 나의 의지로 사용할 수 있다는 것은 더할 나위 없이 멋진 일이었다.

책을 쓰고 유튜브 활동도 하다 보니, 다른 유튜브 채널에도 나가게 되었다. 교사와 학부모가 아닌 일반인을 대상으로 나의 경험과 삶에 대한 이야기를 나누고 싶어졌다. 강연가의 길을 가기에 지금 나의 모습은 많이 부족했다. 하지만 내가 이 길을 가기 위해 꾸준히 노력한다면, 결국 내가 원하는 모습에 닿을 수 있을 것 같았다. 그런 생각을 하는 동안에는 삶이 즐겁고, 설레며 행복했다. 찬 바람이 불기 전까지는 말이다.

다시 학교로 돌아가야 하는 시간이 점점 다가왔다. 찬 바람이 불기 시작했고, 이는 곧 학교로 돌아가야 한다는 것을 의미했다. 다시 엄청난 방황이 시작되었다. 원래대로 복직할 것인지, 퇴직할 것인지에 대한 고민이었다. 이제 더 이상 휴직할 수는 없었기 때문이다. '학교로 돌아갈 것인가?', '가지 않을 것인가?' 결정해야만 했다.

그전의 고민과 방황의 시간은 저리가라였다. 5년여의 방황보다 이 시기의 몇 개월 동안, 고민의 농도가 훨씬 더 짙었다. 왜냐하면 생사가 걸린 문제와도 같았기 때문이다. 사실상 연수 휴직은 무급이었고, 이미 우리 가정의 수입은 반으로 줄어 있었다. 1년은 어찌어찌 버틴다 해도 앞으로도 나의 월급이 없다면, 몇 개월도 버틸 수 없는 상황이었다. 나 하나의 선택으로 가정의 생계가 위험에 처할 수 있었다. 이런 상황에서 나의 꿈을 좇는다며, 학교를 무턱대고 나온다는 것은 가족들에게 미안하고 이기적으로까지 느껴졌다.

더 큰 문제는 내가 하고 싶은 일이 과연 돈으로 연결될 수 있을지 모를 일이었다. 오히려 학원으로 이직하거나 교습소를 차린다면 주변에서 이해했을 것이다. 되던 안 되든 한번 해보라는 말은 들었을 거다. 하지만 이 나이에 뜬금없이 강연한다고 하면, 밥벌이나 될 수 있을까? 하는 생각이 들 것이다. 나조차도 그런 생각을 했기 때문이다. '이 나이에 경력도 없는 초보 강연가를 누가 불러줄까?', '이 일로 내가 돈을 벌 수 있을까?', '이 일에 나의 재능이 있을까?' 또다시 모든 것이 불투명했다. 그렇게 다시 현실과 이상 속에서 갈등이 시작되었다.

> **"새는 알에서 나오려고 투쟁한다. 알은 세계이다. 태어나려는 자는 하나의 세계를 깨뜨려야 한다."**

헤르만 헤세(Hermann Karl Hesse)의 《데미안》에 나오는 글귀다. 하나의 세계를 깨야만 했다. 다른 세계로 나오기 위해서는 현재의 알을 깨야 한다. 다행인 것은 휴직 동안 책을 출판하는 과정을 통해, 나는 나 자신이 만들어놓은 한계를 넘어설 수 있었다. 그것이 진짜 현실 속 한계가 아니라, 내가 만든 가짜 한계라는 것을 깨달은 것이다. 지금도 내가 한계라고 생각하는 모든 이유, '돈이 없다는 것', '나이가 많다는 것', '가족을 부양해야 한다는 것'도 견고하게 존재하는 현실 속 진짜 한계가 아닌, 내가 할 수 없다는 생각으로 만들어낸 가짜 한계임을 알게 되었다.

그리고 알게 된 또 다른 하나는 지금은 많이 부족하더라도, 내가 그 길을 가겠다고 결단하고 오랫동안 그 꿈을 품으면 결국 닿을 수 있다는 사실을 믿는다는 것이었다.

내 인생에서 연수 휴직이라는 시간을 만들지 않고, 그대로 학교에 머물렀다면 어땠을까? 아마도 주어진 대로 맞춰 생각하며 살았을 것이다. 쳇바퀴와 같은 일상에서 매일 해야만 하는 일에 치여 정신없이 해나갔을 거다. 다른 무언가를 시도하고 행동해볼 엄두도 내지 못한 채, 예전처럼 생각만 잔뜩 하며 살았을지 모른다. 하고 싶다는 열망만 가득 품다가 지치면 스스로 회유하면서, 또 그렇게 몇 해를 반복하며 살았을지 모른다. 행동 없는 생각만으로 괴로워하며, 시간을 흘려보냈을지도 모를 일이다.

2022년 연수 휴직의 시간은 나의 생각대로, 나의 삶을 살게 해주는 계기가 되었다. 우물 안 쳇바퀴의 생활에서 우물 밖으로 나와, 내가 생각하는 삶을 시도하고 행동할 수 있는 기회가 되었다. 그 경험을 통해 나는 이런 것을 할 수 있는 사람이구나 알게 되었다.

당신이 현재의 길에 머물러야 할지 새로운 길을 가야 할지 몰라 방황하고 있다면, 당신의 인생에서 현실과 꿈의 완충 작용을 해줄 범퍼의 순간이 필요할지 모른다. 1년을 온전하게 쉴 수 없더라도, 당신의 간절함이 있다면 범퍼 역할의 순간은 퇴근 이후 시간이라도 만들 수 있다.

그 시간에 아주 작게 행동하고 성취하며 완전하진 않아도 자기 확신이 드는 순간, 당신은 새로운 길을 선택할 수 있을 것이다. 인생은 생각만으로 아무것도 변하지 않는다. 결국 행동만이 삶을 변화시킬 수 있다. 무언가 아주 큰 결단을 내리기 전, 작게 시도하고 행동할 수 있는 범퍼 역할의 순간이 우리의 삶에 필요한 이유다.

2장

●●●

꿈을 포기하지 않으려면 돈이 필요했다

당신에게 무언가 절박함과 간절함이 있다면

'내 손으로 100만 원만 만들 수 있다면.'

'직장에 묶이지 않고도 월 100만 원만 벌 수 있다면'

'내가 그 돈이 없어, 이렇게 하고 싶은 일이 있어도 당장 할 수가 없구나!'

간절했다.

절박했다.

그 순간은 나에게 그랬다.

남들은 대수롭지 않게 여기는, 그 말도 안 되는 꿈이 뭐라고.

2022년 늦가을이었다. 그때 나는 학교로 돌아가지 않기로 결단했다. 결단을 내리기 전까지는 힘들었지만, 결정하고 보니 이제 뭐라도 행동해야 했다. 퇴직한 후에도 고정적인 월급과 같은 돈이 필요했다. 퇴직 후 나오는 연금은 60세 이상 되어야만 받을 수 있기 때문이다. 학교를 그만두고도 어느 정도 생활을 유지하려면 돈이 필요했다.

퇴직금을 까먹으며 생활할 수는 없었다. 내가 가려는 길에서 언제 인정받게 될지 모를 일이다. 얼마의 시간이 걸릴지 알 수 없었다. 퇴직금을 일시금으로 받아 무언가 월세 수입 같은 것을 만들면 어떨까 싶은 생각이 들었다.

20년 동안 직장생활을 하며 흔히 재테크라고 말하는 것을 해본 적이 없다. 돈에 대해 무지했다. 사실상 저축도 없었고, 가진 거라고는 집을 살 때 받았던 대출금이 다였다. 그러다 보니 퇴직하기 전, 뭔가 월급을 대체할 생계 수단이 필요하다고 느꼈다.

그렇다고 다른 직장으로 옮기고 싶지는 않았다. 퇴직을 마음먹은 순간, 다짐한 것이 또 하나 있기 때문이다. 앞으로 내 시간의 주도권을 타인에게 주는 일은 절대 하지 않기로 했다. 내 시간을 온전하게 나의 의지로 사용하겠다고 마음먹었다. 더욱이 강연가의 길을 가기 위해서는 그 길에 더 많은 시간을 투자해야 할 것 같았다. 나의 시간과 에너지를 올인한다 해도 쉬운 길이 아닌 듯했다. 짧은 시간 안에 강단에 설 수 있다면 더할 나위 없이 좋겠지만, 그건 알 수 없는 일이다.

마음이 타들어갔다. 역시나 이번에도 방법은 보이지 않았다. 하지만 이제 예전의 내 모습은 아니었기에, 방법이 보이지 않아도 그대로 주저앉지는 않기로 했다. 방법을 찾기로 했다.

그러던 어느 날 내가 속해 있는 단체 카톡방에서 부동산 공부를 할 사람들을 모았다. 다른 때였으면 무시했을 테지만, 절박함 때문이었을까 나는 지원했다. 아파트 임장을 하는 스터디였다. 지원한 사람들끼리 모둠을 짜고 임장할 지역을 정했다. 나는 우리 모둠의 임장 지역을 평택으로 하자고 했다. 그렇게 어느덧 처음 보는 사람들과 평택에 와 있었다.

다른 분들은 평택에서 대장이라 불리는 아파트와 그 주변의 아파트를 봤지만, 나의 관심사는 아파트가 아니었다. 부동산 중개사무소에 가서 이것저것 물어보는 틈을 타서 도시형 생활주택에 대해 물었다. 임장을 가기 전, 도시형 생활주택은 1억 원이 안 되는 돈으로 50~60만 원의 월세를 받을 수 있다는 것을 얼핏 들었기 때문이다. 모든 게 생소했다. 도시형 생활주택이라는 것이 세상에 있는지도 모르고 살았다. 잘 알지 못했지만, 그럼에도 월급을 대체할 수단이 될지도 모른다는 생각이 들었다.

더욱이 평택에는 대규모의 반도체 공장이 설립된다고 했다. 9,000만 원 정도만 투자하면 월세를 70만 원이나 받을 수 있다고도 했다. 퇴직금이 나오면 대출을 조금 더 받아 2채를 사서, 월세 140

만 원이라도 받으면 좋겠다는 생각으로 평택에 갔던 것이다.

하지만 이런 투자 공부를 해본 적이 없는지라, 쉽게 결정할 수 없었다. 답답했다. 또다시 모든 게 원점으로 돌아간 것만 같았다. 중개사무소에서 나오는 길에 차가운 바람이 불었다. 찬 바람을 맞으니 나의 마음도 몹시 추웠다. 이번에는 진짜 현실의 벽인가 싶어 부정적인 마음도 들었다.

저녁 6시가 넘어 이미 어두워지기 시작했고, 아무것도 결정하지 못한 채 허탈하게 다시 집으로 돌아가야 했다. 그때, 동탄에 살고 계신 선생님이 생각났다. 그분께 나의 현실과 이상 속 갈등의 마음을 종종 털어놓고는 했다. 평택이 동탄과 가깝다고 여기고 여기까지 왔으니 만나고 가야겠다는 생각이 들었다. 그렇게 평택에서 동탄으로 갔다.

시간이 늦어 몇 마디 짧게 이야기를 나누었다. 여기까지 왜 왔느냐는 물음에 자초지종을 설명하자, 이야기를 다 들으신 선생님이 마지막에 말씀하셨다.

"고시원 특강이 있는데, 그걸 한번 들어보면 어때?"

고시원과의 첫 인연의 순간이었다. 고시원이라는 것은 이전 나의 삶에는 없던 것이다. 이야기를 들었을 때 긴가민가했을 뿐, 무언가 확신이 있었던 것은 아니었다. 하지만 결국 나는 선생님이 알려주신 고시원 특강 날짜를 알아보게 되었다.

그때 나는 왜 아파트 임장 모임에 참여했을까? 임장지를 평택으로 정하는 것에 그들은 왜 따라주었을까? 임장이 끝난 후 돌아가려다, 그 순간 어쩌다 선생님을 떠올린 걸까? 늦은 시간임에도 왜 나를 만나주셨을까? 어떻게 그 당시 선생님은 고시원 특강을 알고 있었을까?

2년여가 지난 지금도 잘 모르겠다. 우연의 순간들이라 하기에는 너무나 많은 우연이 겹치기 때문이다. 내 의지만이 아닌 주변 사람들의 도움도 컸다. 결과적으로 고시원을 2개로 확장·운영하고 있는 나를 보면, 그때 고시원에 대해 알게 된 것은 운이 좋았다.

사람들은 무언가 여러 우연이 겹쳐 좋은 결과를 맺었을 때, 운이 좋았다고 표현하는 건지도 모르겠다. 시간의 흐름에 따라 생긴 일련의 사건들에 대한 이유를 뚜렷하게 말하기 어렵기 때문이다. 정확하게 해석할 수는 없으나, 이런 일들이 생길 때마다 나는 파울로 코엘료(Paulo Coelho)의 《연금술사》의 글이 떠오르곤 한다.

"자네가 무언가를 간절히 원할 때 온 우주는 자네의 소망이 실현되도록 도와준다네."

절대적인 누군가가 내 꿈을 포기하지 않도록 도와주려던 것은 아닐까? 가끔 그런 생각이 든다. 내가 포기하지만 않는다면. 그 길을 가려 한다는 것을 주변에 알린다면. 부단히 노력하고 행동한다면. 주변의 상황이 나를 돕는 것이 아닌가 싶다.

나에게 절박함이 없었다면, 고시원이라는 말도 흘려들었을 것이다. 나에게는 너무나 간절한 마음이 있었고 지푸라기라도 잡고 싶은 심정이었다. 지금은 그 지푸라기가 든든한 동아줄이 되어주었다. 당신에게 무언가 절박함과 간절함이 있다면, 온 우주가 당신의 소망이 실현되도록 도와줄지도 모른다.

현재의 점들은 언젠가 미래와 연결된다

"빵아아앙!"

화가 난듯한 버스 경적이 들렸다.

"빨리 내리세요. 뭐 하세요."

택시 기사의 다급한 목소리였다. 택시 안에서 쫓겨나듯 밖으로 나와 버스 문 앞에 섰다. 버스 기사가 문을 열어주지 않았다. 화가 난 것이다. 왜냐하면 정류소에 정차한 버스 앞을 택시가 막아섰기 때문이다. 한참 있다가 결국 버스 기사는 문을 열어주었다. 나는 머리를 숙이고, 죄송하다며 연신 사과를 드리고 자리에 앉았다.

택시 기사가 버스 앞을 막아선 것은 내가 버스를 따라가달라고 했기 때문이다. 고시원 특강 시간은 저녁 7시였고 강남역까지 가야 했다. 집에서 광역버스를 타야 하는데, 바로 눈앞에서 버스가 떠나버리고 말았다. 다음 차는 30분 이후에나 올 거였다. 여느 때 같으면 어차피 늦었으니 가지 말자며 돌아섰을 것이다. 고시원에 대해 아는 것이 없었으므로, 무언가 확신이 있던 것도 아니었다.

그런데 정말 영화의 한 장면처럼 눈앞에서 버스가 떠나고 그 뒤에 바로 택시가 왔다. 아주 잠시 돌아가야 하나 생각하다가, 내 눈앞에 택시가 보이는 순간 나도 모르게 잡아탔다.

"기사님, 저 버스 따라가주세요."

그렇게 두세 정거장을 지나 택시가 버스를 따라잡았다. 정류소에서 사람을 내리고 버스가 출발하려던 찰나 택시가 그 앞을 막아섰으니, 버스 기사가 화낼 만도 했다. 미안했지만, 다행히 나는 시간에 맞춰 고시원 특강을 들을 수 있었다. 그 특강이 기회가 되어 4주간 진행되는 고시원 창업 수업까지 들었다.

고시원 창업 수업을 들으면서 임장을 다녀야 했다. 살 집을 고르려면 아파트든 빌라든 직접 가서 봐야 하듯, 고시원을 운영하려면 내가 운영할 고시원을 직접 찾아야 했다. 추운 겨울날 고시원을 찾아다니다 보면 얼굴과 귀, 손이 너무나 시렸다. 핫팩을 아무리 가져다 대도 찬바람이 너무나 매서웠다.

더욱이 나에게는 최대의 약점이 있었다. 주소만 보고 길을 찾아가야 하는데, 나는 길을 잘 찾지 못했다. 앱을 켜고 목적지를 검색해서 따라가도 헤매기 일쑤였다. 앱을 계속해서 보려면 손에 핸드폰을 쥐고 장갑에서 손을 빼서 다시 열어봐야 했다. 하지만 너무 추워서 손을 주머니에 넣고 나름대로 머릿속에 길을 기억해서 찾아갔는데, 매번 길을 잘못 들어 몇십 분씩 다시 돌아나오기도 했다. 몹시 추운 날 너무 오랜 시간 동안 바깥을 헤매고 돌아다니다 보면, 정신이 혼미해질 때도 있다. 춥고 다리 아픈 건 예삿일이었다. 사람이 없는 밤 골목을 다닐 때는 정말 이런 생각까지 들었다.

'여기는 어디인가?'
'나는 왜 이러고 있는가?'

정신없이 돌아다니고 있는 나를 보면 마음이 서글펐다. 고시원 매물을 보러 다니면서도, 내가 할 수 있을지, 창업이 정말 될지, 이걸로 돈은 벌 수 있을지, 어떤 고시원을 선택해야 할지, 뭐하나 뚜렷하게 보이는 것이 없었다. 하루에 몇 시간씩 몇 날 며칠을 돌면서, 정말 이게 맞는 건가, 제대로 하고 있는 건가 싶은 생각이 들 때면 걸으면서도 눈물이 났다. 왜냐하면 내가 할 수 있을 거라는 확신이 서지 않았기 때문이다. 직장생활만 20년을 하다가 갑자기 창업이라는 걸 하려니 몸과 마음이 혼란스러웠다.

임장할 고시원에 도착해도 안에 들어가는 것은 더욱 자신이 없었다. 혼자 들어가기가 무서웠기 때문이다. 내가 찾는 고시원은 좀 허름한 것이었기에 그 앞에서 한참을 서성였다. 시설이 좋고 깨끗한 고시원은 초기 투자금이 많이 들어, 허름한 고시원을 찾아 깔끔하게 인테리어를 하려고 했다. 그 당시 방안에 개별화장실과 샤워실이 갖춰진 원룸으로만 구성된 고시원의 투자금은 이미 많이 올라 있었다. 그런 시설에 들어가기에 나는 돈이 없었다.

낡고 허름한 고시원은 주로 불이 꺼져 있어서 깜깜했다. 복도 폭도 좁아서 더욱 무서웠다. 습해서 생긴 곰팡이의 퀴퀴한 냄새와 담배 냄새로 찌든 곳을 살피며 지나갈 때면 나도 모르게 코를 막기도 했다. 특히 몇 시간씩 발품을 팔며 이곳저곳 골목을 헤매며 돌아다니다 보면 어느새 날이 저물어 깜깜한 밤이었다. 그런 밤에 혼자 낡은 고시원 건물을 들어가는 게 무척이나 겁이 났다. 큰마음 먹고 들어가서 여기저기 고시원 시설을 살펴보다가도, 행여 그곳에 살고 계신 분이 나오는 듯하면 나도 모르게 재빨리 도망치듯 뛰쳐나왔다.

하지만 더 용기를 내야 했다. 생계의 대체 수단을 먼저 마련해야, 내가 가고 싶은 길을 갈 수 있을 것 같았다. 될 때까지 해보겠다는 심정으로, 이를 악물고 다녔다. 종로, 회기, 영등포, 구로 등 여러 지역을 돌며 하루에 몇십 군데씩 고시원을 임장했다. 추운 겨울 나에게 맞는 고시원을 찾기 위해 여러 군데 돌아다니는 것이 쉬운 일은 아니었다. 하지만 고시원을 잘 선택하는 것은 중요했고 결국 그 해, 직접 운영할 고시원을 찾아 인수하게 되었다.

스티브 잡스(Steven Paul Jobs)는 스탠퍼드 졸업식 연설에서 현재의 점들이 미래의 언젠가 연결될 수 있다는 것을 믿어야 한다고 말했다.

"그러나 10년 후에 과거를 돌아보면 아주 아주 분명합니다. 다시 말하면, 미래를 내다보며 점을 연결할 수는 없습니다. 뒤를 돌아보며 연결할 수밖에 없어요. 그러니 점이 어떻게든 미래에 연결되리라고 믿어야 합니다. 무언가를 믿어야 합니다. 이를 테면 여러분의 배짱, 운명, 인생, 인연 같은 것들이요. 이 접근은 한 번도 저를 실망시킨 적이 없고 제 인생을 완전히 바꾸어 놓았습니다."

그날 버스를 놓쳤음에도 특강을 들으러 간 것. 특강 이후 고시원 창업 수업을 들은 것. 고시원 임장이 힘들었지만 멈추지 않은 것. 내가 창업을 어떻게 할 수 있냐며 포기하지 않은 것. 지금에서 돌아보면 이 모든 것은 하나, 하나의 점을 찍은 것이다. 그 과거의 점들이 모여 이제는 현재가 되어버린 나의 모습을 만들었다. 하지만 그 행동을 하던 과거 시점에는 미래의 모습으로 연결될지 확신할 수 없었다. 그러하기에 불안하고 두려웠다.

잡스가 말했듯, 어쩌면 현재의 점들이 미래의 언젠가 연결될 것을 믿어야 한다. 지금 당신이 가고자 하는 길에 하나, 하나 찍고 있는 행동이라는 점들이 결국 당신 미래의 한순간과 연결될 것을 믿는다면, 조금 더 확신을 가지고 해나갈 수 있다. 불투명하고 불확실한 미래는 알 수 없다. 우리는 오직 현재를 살아갈 뿐이다. 지금 이 순간 당신이 할 수 있는 행동을 하고, 그 행동이 미래의 언젠가 연결될 것을 믿는다면 당신은 더욱더 큰 용기를 가지고 나아갈 수 있다.

경험을 통한 배움은 노하우를 만든다

"원장님, 머리가 깨질 것 같아요."

"냄새가 강해서 속이 안 좋아요."

문자 메시지와 전화가 오기 시작했다. 고시원 인수 후 2주 지난 시점이었다. 문자 메시지를 보고 놀라서 가슴이 철렁 내려앉았다. 이전 원장님이 운영할 때부터 살고 계셨던 기존 입실자들이 보낸 메시지였다. 내가 인수한 곳은 인테리어 공사를 진행하다가, 중간에 멈춘 고시원이었다. 기존에 모아놓은 돈이 없었기에 대출을 받아 계약했다. 앞으로 이자를 감당해야 한다는 마음의 무거움도 있었지만, 지금 당장은 공사를 해야 한다는 것이 더 큰 부담으로 다가왔다. 우리 집 인테리어 공사 한번 해본 적 없던 나에게 고시원 공사는 넘어야 할 큰 산이었다.

문자 메시지와 전화의 원인은 페인트 냄새였다. 고시원 복도와 방문을 4일 안에 페인트를 칠하기로 했다. 방문을 열어야 하고, 겨울이라 페인트를 빨리 마르도록 하려면 보일러 온도를 아주 많이 올려놓아야 했다. 내가 인수하기 전부터 살고 계셨던 입실자들이 불편하지 않도록 페인트 공사 기간을 최대한 빨리 끝내고 싶었다.

복도 색상은 화이트 계열로, 방문 색상은 약간의 베이지 색상으로 컬러칩을 보고 색을 골랐다. 복도를 다 칠하고 다음 날 방문을 칠할 때쯤 보니 내가 고른 색이 아닌 것 같았다. 문에 칠한 페인트 색이 거의 핑크빛이 났다. 종이 컬러칩을 보고 골랐던 색상과 너무 많은 차이가 났다. 나의 실수였다. 조금 더 신중하게 색상을 고르고, 방문에 발랐을 때의 색깔 차이를 비교해봐야 했다. 색상을 고를 때 뜸 들이는 것조차 사장님께 미안해서 얼른 선택해버리고 말았다.

사실상 나는 견적 받는 것도 어려웠다. 페인트 업체도 한 곳만 견적을 받고 공사를 진행했다. 직접 오셔서 작업할 곳을 보신 후 비용을 알려주는데, 다른 곳과 비교해보겠다는 말을 차마 할 수 없었다. 여기까지 오셨는데 그냥 돌려보내는 게 너무나 미안했기 때문이다. 페인트뿐 아니라 바닥에 까는 타일도 한 곳에서만 견적 받고 바로 진행했다. 나중에 알고 보니, 그렇게 공사를 하면 안 되었다. 같은 공사인데도 견적이 2배에서 많으면 3배까지 차이가 나는 경우도 있었다. 다른 업체와의 비교도 없이 견적을 높게 부른 업체와 공사를 할 경우, 공사비용이 훨씬 많이 들 수밖에 없다. 그러하기에 여러 곳에서 견적을 받아 비교해봐야 했다. 그럼에도 나는 현장까지 오신 사장님께 미안해서 거의 첫 업체와 공사를 진행했다. 이런 나의 성향상, 인테리어 공사를 직접 주도해서 하기는 쉽지 않았다.

결국 페인트 색상을 고르는 일도 급하게 진행했던 터라 일이 터지긴 했다. 방문에 칠한 페인트 색상이 너무나 마음에 안 들었다. 색을 잘못 고른 나의 탓이다. 한데, 이미 페인트의 색상을 배합해서 문에 칠하고 있었기에, 차마 이제서야 마음에 안 든다는 말을 도저히 할 수 없었다.

다른 색으로 다시 칠하면 안 되겠냐는 말이 목 끝까지 차올랐다가, 사장님께 말씀도 못 드리고 주변을 얼쩡거리며 속만 태웠다. 그러는 사이 사장님과 직원분이 이미 문을 몇 개씩 칠하고 있었다. '아휴. 이걸 어떡하지?' 보고 있자니 속만 타들어갔다. 그렇다고 상황을 원점으로 돌리자니 얼굴이 화끈거릴 정도로 미안했다. 이러지도 저러지도 못한 채 발만 동동 구르다가 시간만 흘러갔다.

결국 큰마음 먹고 급하게 모든 걸 중단시켰다. 방문 색을 변경하기로 했기에 색상을 다시 정해야 했다. 색을 정해도 지금 당장은 페인트가 없으니 칠을 할 수 없었다. 우리 공사 일정이 늦어지면 페인트 사장님의 다음 공사 일정도 늦어질 상황이었다. 빠르게 다른 색상의 페인트를 구하는 게 급선무였기에, 사장님은 여기저기 페인트 업체에 연락을 취했다. 지금 칠하고 있는 친환경 페인트는 아니지만, 하루 정도면 냄새가 금방 빠진다며 다른 페인트를 권했다. 냄새가 좀 나긴 하지만 하루, 이틀이면 싹 사라진다는 말에 진행해달라고 했다. 새 페인트가 도착하기 전, 나는 급하게 처리해야 할 일이 있어 이후 일정을 사장님께 맡기고 나왔다.

이 사건이 있었던 다음 날, 머리가 아프다는 문자 메시지가 오기 시작했던 거였다. 처음에는 무슨 영문인지도 몰랐다. 고시원에 가보니 새롭게 다시 칠한 페인트에서 래커 스프레이와 같은 냄새가 났다. 사장님은 빠르게 색상을 구하고 냄새 부분도 충분히 나에게 설명해주었다. 하지만 '아는 만큼 보인다'는 말이 있듯이, 내용을 들었어도 경험이 부족한 나로서는 냄새가 어느 정도 일지, 그 상황이 어떻게 펼쳐질지 전혀 예상하지 못했다. 그것은 사장님만의 잘못은 아니었다. 결국 그 페인트를 선택하고 공사 진행을 지시한 것은 나였기 때문이다.

그나마 다행인 건 냄새나는 새 페인트를 많이 칠하지는 않았다. 늦게 페인트를 받았고, 시범적으로 몇 개 바른 것에서 냄새가 났다. 고심 끝에 나는 상황을 다시 되돌리기로 했다. 시간이 걸리더라도 냄새가 거의 없는 친환경 새 페인트를 구해달라고 말씀드렸다. 공사 일정도 지연되고 여러 번의 페인트 구입에만 100만 원 이상 더 들게 되었다. 돈도 돈이지만, 남아 계신 입실자들에게 너무나 미안했다. 그분들의 말씀을 잘 들어드리고, 작은 선물과 함께 미안한 마음을 담아 내가 할 수 있는 사과의 말씀을 드렸다. 다행히 잘 이해해주셨고 페인트 사장님 말씀처럼 다음 날 냄새가 사라지긴 했다.

"노하우란 말은 어떤 일을 하는 방법을 안다는 뜻이 아니다. 그건 지식이다. 노하우는 기술과 효율성을 가지고 시간과 노력을 최소한으로 들이면서 그 일을 제대로 된 방식으로 하는 것이다. 노하우가 있다면 그 일을 계속해서 성공시킬 수 있다. 이것은 습관이고 경험을 통해 자연적으로 터득되는 것이다. 노하우는 절대 실패하지 않는 성공시스템의 핵심적 세 요소 중에 하나다. 그런데 노하우는 어떻게 개발하는가? 오직 해봐야 한다."

클레멘트 스톤(William Clement Stone)의 《절대 실패하지 않는 성공시스템》에 지식과 노하우의 차이에 대한 설명이다.

그랬다. 나에게는 노하우가 없었다. 초보의 눈에는 컬러칩과 직접 칠했을 때의 색이 다를 수 있다는 것도. 페인트의 종류가 다양하며 특징이 다르다는 것도. 머릿속으로 넣는 지식과 별개로 해보지 않으면 알 수 없는 것이었다.

20년을 학교에서 머물며, 내 교과의 수업과 업무에 대해서는 누구보다 자신 있었다. 교사로서 20년을 살아온 자부심도 있었다. 하지만 이곳 고시원 공사 현장에서 내가 교사였던 것도, 20년 동안 쌓았던 나의 전문교과지식과 노하우는 아무짝에도 쓸모없었다. 전혀 다른 분야의 지식과 노하우가 필요했다.

고시원을 인수하기는 했지만, 아무것도 모르는 초보 원장이다 보니 좌충우돌 모든 시행착오의 첫 시작이었다. 다만, 나의 결정 하나가 시간과 에너지, 돈 그리고 무엇보다 다른 사람에게 영향을 미칠 수 있다는 것을 알게 되었다. 모든 것을 하나, 하나 다시 배워야 한다는 생각이 들었다. 기존의 나의 모든 지위 따위는 잊고 이제는 오직 이 분야에 필요한 지식과 노하우를 갖춰나가야 했다. 나도 모르게 겸손해지는 순간이었다.

당신이 어떤 일이든 새로운 분야에서 다시 시작하겠다고 마음먹었다면, 바닥부터 하나씩 배워나가야 할지 모른다. 지난 자신의 위치에 매여 있으면 배움의 시간은 더디고, 일이 잘못되면 모든 원인을 주변의 탓으로 돌릴 수 있다. 아무리 미리 지식을 쌓아두더라도 해보지 않으면 알 수 없는 노하우가 있다. 그 노하우를 쌓기 위해서는 결국 경험해봐야 한다. 해본 결과가 그리 좋지 않더라도, 그 행동을 통해 당신은 더 나은 방식을 배울 수 있다. 그렇게 당신만의 노하우를 가질 수 있다.

해보지 않으면 알 수 없기에, 새로운 길에 필요한 노하우는 당신의 경험을 통한 배움에서만이 채울 수 있다.

모든 사람에게는 진심이 통하고

"아악!"

입에서 '악' 소리가 절로 났다. 오른쪽 팔을 올리면 나도 모르게 '악' 소리가 났다. 어깨 위로 올리려면 통증이 너무 심해, 팔을 올리기가 여간 쉽지 않았다. 팔을 뒤로 젖히는 것도 어려웠다.

고시원의 방 개수가 40여 개가 되다 보니, 인수 후부터 많은 방을 청소하게 되었다. 선반이나 옷장, 책상 등에는 묵은 때와 끈끈한 것들이 많았다. 걸레로 쓱 닦아서는 끈끈한 것들이 닦이지 않았다. 손으로 여러 번 힘주어 밀어내듯 닦아내야만 했다. 태어나서 2~3주 정도의 짧은 기간에 여러 개의 방 청소를 이렇게 몰아서 해본 적도 없다. 청소 요령이 없었기에, 한 달도 안 되어 팔이 올라가지를 않는 상태가 되었다. 나중에 보니, 약간의 약품을 썼으면 조금 더 쉽게 청소

할 수 있었는데, 그 당시에는 무턱대고 내가 할 수 있는 만큼 힘을 줘서 여러 번 닦다 보니 팔의 통증이 심해진 것이다.

고시원 방 40개 남짓 중 30개가 비어 있었다. 하루라도 빨리 룸을 정비하고 청소를 해서 방을 채우고 싶다는 다급함에, 누가 다그치기라도 하듯 쉴 새 없이 몸을 움직여 청소했다. 낮에는 공사를 진행하고 밤에는 고시원 방을 청소하며, 밤 11시가 넘어 퇴근하는 날도 많았다. 그렇게 모든 인테리어를 마무리하는 데 3개월 이상 걸렸다. 인테리어를 하는 중에도 월세와 공과금을 내야 했는데, 예전 원장님 때 계셨던 열 분의 입실자가 다였다. 공사 진행이 거의 끝났지만 생각보다 방이 금방 채워지지 않았다.

그러다 보니 인수 후 첫째, 둘째 달까지 월 200~300만 원 정도의 적자가 났다. 월세 및 전기, 가스, 수도와 같은 공과금을 낼 돈이 부족했다. 고시원은 입실자들에게 공과금을 따로 받지 않고, 입실료에 모든 사용료가 포함된다. 열 명 남짓의 입실료를 받아서 월세와 공과금 및 쌀, 라면과 같은 부식비를 내고 나니 돈이 부족했다. 돈을 벌기는커녕 마이너스가 난 돈을 채워넣어야 했다. 학교를 나가지 않으니 월급도 없었고, 인테리어에 필요한 대출도 이미 받은 상황이라 더 이상 대출을 받기도 어려웠다. 결국 친정 언니와 지인에게 돈을 빌려 부족한 월세를 충당했다.

다행히 희망은 있었다. 인수 후 3개월쯤 되었을 때, 두 개 층 중 4층은 새로운 입실자로 방이 채워졌다. 이제 한 개 층을 더 채우면 되는 상황이었다. 기존에 살고 있던 열 분은 모두 5층에 살고 계셨다. 열 분 모두 남성이었고, 나이가 지긋하신 어르신들이 많았다.

처음에는 이전부터 살고 계신 입실자들을 만나는 것이 겁이 났다. 나이가 꽤 있으셔서 그분들께 무슨 말을 해야 할지 몰랐다. 인테리어 공사를 진행하는 과정에서 이것저것 안내도 드릴 겸 안부도 물으며 조금씩 다가갈 수 있었다.

그런데 가만 보니 어르신들이 엘리베이터를 타고 4층에 내린 후, 계단을 이용해서 5층으로 올라가는 것이 불편해보였다. 왜냐하면 엘리베이터가 5층에 서지 않았기 때문이다. 고시원이 처음 생길 때부터 그러한 구조였다고 했다. 이전 원장님들이 4층의 사무실을 거치지 않고 엘리베이터를 타고 바로 5층으로 올라갈 것을 우려해서 5층 엘리베이터 앞을 두꺼운 합판 벽으로 막아놓은 것이다. 예전 원장님들의 관리와 편의를 위해서였다. 5층에 엘리베이터가 서지 않으니 신발장도 4층을 이용해야 했고, 무엇보다 무거운 짐이 있을 때 그 짐을 들고 계단을 통해 올라가야 했다. 그분들은 그것을 당연한 것으로 여겼지만, 불편한 것이 한둘이 아니었다.

나는 엘리베이터가 5층에도 작동되는지를 먼저 확인했다. 다행히 운행할 수 있는 상황이었다. 사실상 월세를 낼 돈도 부족할 만큼 적

자였기에, 나에게 돈이 몇백만 원이나 추가로 드는 공사를 할 여력은 되지 않았다. 그런 상황임에도 돈을 더 들여 엘리베이터 문 앞의 두꺼운 합판 벽을 부수고 5층에도 엘리베이터가 운행될 수 있도록 만들었다. 돈보다는 어르신들이 편하게 이용할 수 있도록 하는 것이 먼저라고 생각했기 때문이다. 신발장도 5층으로 옮겨드리고 엘리베이터 버튼도 교체했다.

어르신들은 5층에 엘리베이터가 작동되어 편하다며 좋아하셨다. 고맙다는 말도 전해주시며, 이런저런 자기들 삶의 이야기도 해주셨다. 어르신들의 이야기를 듣게 될 때는 그 말씀을 진실하게 잘 들어드렸다. 그것이 내가 그분들을 진심 어린 마음으로 대하는 방법이라 생각했다. 그동안 불편했을 부분을 찾아 불편하지 않도록 마음을 담았다. 어느덧 어르신들도 빵이나 과일을 챙겨주며, 그분들의 마음을 나눠주기도 했다.

하지만 모든 인테리어 공사가 끝나고 예기치 못한 부분에서 어려움에 부닥쳤다. 5층의 기존 어르신들 외에 새로운 입실자가 채워지지 않았다. 원인은 인테리어를 깔끔하게 한 사진 때문인지, 90% 이상의 입실 문의가 모두 다 여성이라는 점에 있었다. 특히 근처에 대학병원이 있었는데, 간호실습을 나오는 학생들 대부분이 20대 초반 여자였다. 도배, 장판을 새로 하고 책상도 새것이고, 특히 청소는 정말 깨끗하게 해놓았다. 오른팔을 올리면 '악' 소리가 날 만큼 남아 있던 가구의 묵은 때도 모두 지웠다. 시설과 청결로 치면 계약을 안 할 이유는 없어 보였다. 아무래도 고시원을 처음 쓰는 여학생들이다 보니, 남녀 혼용 층을 꺼렸던 것이다.

어쩔 수 없이 큰 결정을 내려야 했다. 5층을 여성 전용층으로 만들 것인지에 대해 고민하게 되었다. 더욱이 5층에는 방 크기가 작은 것들이 섞여 있어, 아무래도 체구가 큰 남성보다 체구가 작은 여성들이 사용하는 것이 더 나을 것 같다는 판단이 들기도 했다. 문제는 여성 전용층이 되면 기존에 살고 계시던 분들이 다른 곳으로 가야 했다. 사실상 어르신들은 장기로 오랫동안 고시원에서 살 수 있는 분들이다. 이분들이 나가면 5층의 20개 남짓의 방을 다 채울 수 있을지도 미지수였다. 무엇보다 여성 전용층으로 한다고 했을 때, 기존 입실자들의 반응이 어떻게 나올지 알 수 없었다. 그 부분도 무척 겁이 났다. 다른 고시원의 경우 못 나간다며 소리를 지르고, 원장님께 해코지하는 사람도 있다고 들었기 때문이다. 무엇보다 다른 곳으로 거주지를 옮겨야 한다고 말씀드리는 것 자체가 죄송스러웠다.

앞으로 어떻게 운영해야 하나 고민하는 와중에도 새로운 입실 문의가 오면, 고시원 내부를 보여주며 룸 투어를 열심히 진행했다. 하지만 계약까지 잘 이어지지 않았다. 힘이 빠졌다. 결국 그다음 달에도 몇백만 원의 적자가 났다. 이대로는 안 될 듯했다. 입실 문의가 남자들에게 오면 좋으련만, 그 당시 거의 모든 문의가 여학생들이었다. 입실 문의 수요층을 내 맘대로 바꿀 수는 없는 노릇이었다. 결국 5층을 여성 전용층으로 만들겠다고 말씀드렸다.

"원장이 고생이 많아! 그러게, 빈방 채워야 할 텐데."

"언제 다 채우나?"

처음에는 좀 놀라셨지만, 다행히 우호적이었다. 나중에는 오히려 걱정해주셨다. 기존 입실자 중에 총무와 같은 역할을 해주신 어르신이 계셨다. 내가 청소를 얼마나 열심히 했는지. 얼마나 최선을 다해 룸 투어를 진행했는지. 온종일 고시원을 돌아다니며 정리하고 방을 관리했는지. 그 정성을 아셨던 듯하다. 대부분의 룸 투어를 온 분들이 여성들이고, 그럼에도 빈방이 채워지지 않은 것도 알고 계셨다.

"우리가 젊은 사람들에게 자리를 양보해주는 거야!"

어르신들이 다른 거처를 알아보실 때까지, 한 달여 정도 방값을 받지 않고 머무를 수 있도록 했다. 최대한 천천히 충분하게 준비할 수 있도록 시간적 여유를 드렸다. 가시는 날까지 마음을 다해 챙겨드렸다. 이런 마음 때문이었을까! 거처를 옮기는 마지막 순간까지도 우리 고시원의 어르신들은 다들 신사적이었다. 떠나는 순간까지 고맙다는 말을 전해주셨고 그 순간은 살짝 울컥했다. 당시 모든 것이 억지로 애쓰지 않아도 자연스럽게 서로의 마음에서 잘 흘러감에 얼마나 감사했는지 모른다.

'사람에게는 진심이 통하고 그 진심이 사람을 만든다.' 라는 생각입니다.

갑작스럽게 나가야 하는 상황임에도 어떻게 이런 일이 가능했을까?

"사람에게는 진심이 통하고 그 진심이 사람을 만든다."

학교에 있을 때, 나는 17세의 제자에게 진심이란 단어를 배웠다. 앞의 내용은 그 학생이 내게 써준 글 일부분이다. 그 이후 내가 만나는 모든 이들에게 언제나 진심으로 대했다. 물론 어른이 아닌 학생을 대하는 직업이니 가능한 거라고 생각할 수 있다. 하지만 학생들이라고 해서 모두 진실하지는 않았다. 그런데도 모든 이들에게 언제나 마음을 다해 진심으로 대하기 위해 노력했다.

아마도 그 자세가 몸에 배었던 것 같다. 이때뿐만이 아니라 지금까지도 입실자를 대하고 민원을 응대하는 과정에서 큰 어려움을 겪지 않았다. 사람에 대한 진실한 마음과 상대에 대한 배려 때문이지 않을까 싶다. 20년 동안 수천 명의 학생들을 진심으로 대하다보니 나에게 생긴 아주 좋은 태도였다.

그러한 진심이 전달되었는지, 나의 상황을 지켜보던 어르신들은 어느 정도 나의 결정을 수용하고 이해해주셨던 것 같다.

사람에게는 진심이 있다. 진심은 통한다. 나는 그렇게 믿고 있다. 물론 나의 진심이 상대에게 전달될 때까지 오랜 시간이 걸릴 수도 있다. 그럼에도 전달에 앞서 나의 마음에 진심을 갖는 것은 중요하다. 왜냐하면 내 앞에 있는 그를 어떤 마음으로 바라보느냐에 따라 나의 비언어적인 표정과 행동이 달라지기 때문이다. 그 비언어적인 표정과 행동에 따라 일의 결과가 달라질 수 있다. 당신이 하고자 하는 일에서 사람을 대할 때는 언제나 진심을 담아야 한다. 우리 모두에게는 진심이 있고 그 진심은 통한다는 사실을 믿는다면, 생각지도 못한 마법과 같은 일들이 벌어질 수 있다.

그것까지는 나는 모르는 일이다

"사장님한테도 책임이 있다고요."

그날 미친 듯이 소리를 지르며 악을 쓰고 있었다. 눈물범벅이었다. 도저히 내가 혼자 해결할 수 없는 문제인 것만 같았다. 중고 업체 사장님 잘못도 있다고. 에어컨을 설치한 기사님의 책임도 있다고. 바리바리 소리쳤다. 이 모든 것을 다 책임지라며, 그것에 나의 모든 에너지를 쓰고 있었다.

뒷목을 잡고 쓰러진다는 표현이 뭔지 알게 될 정도로 나는 흥분했고 화가 치밀어 있었다. 내 감정을 주체하지 못해 악을 있는 대로 쓰다가, 숨이 막혀 넘어갈 듯 말을 제대로 잇지 못했다. 나 스스로 놀랐다. 46년을 살아오며 나에게 이런 모습이 있는지 처음 알았기 때문이다.

여성 전용층으로 만든 후 5층의 방들을 새로운 입실자로 다 채울 수 있었다. 기분이 날아갈 것만 같고 방을 다 채울 수 있음에 감사한 마음이었다. 2023년에는 5월 초부터 날씨가 더워지기 시작했다. 이미 인테리어를 하던 3월에 브랜드 제품의 스탠드형 에어컨 4대를 새로 사서 복도에 설치한 터였다. 복도 스탠드형 에어컨 1대에 9개 또는 10개의 방이 천장 덕트로 연결되어 냉방이 되는 중앙 방식이었다. 원래는 중고 업체 사장님을 통해 중고 에어컨을 설치할까 했는데, 우리 고시원은 기존 에어컨 자리가 너무 좁아 중고 제품을 구하기 어렵다고 했다.

업체 사장님은 한 층에 2대씩 30평형 에어컨을 새 제품으로 추천해주었고, 그 업체의 기사님이 와서 에어컨을 설치했다. 설치 후 잠깐 에어컨을 시범 운영했는데, 에어컨으로부터 가장 멀리 있는 끝방은 바람이 거의 나오지 않았다. 기사님께 끝방은 에어컨이 거의 나오지 않는다고 말씀드렸다. 기사님은 "그것까지는 나는 모르는 일이다"라고 했다.

그 말을 듣고도 나는 알았다고 했다. 에어컨에서 가까운 방들은 잘 나오고 있었기에 에어컨 설치상의 문제는 없었다. 당시에 끝방의 경우는 에어컨을 잠깐 틀어서 그런 줄 알았다. 조금 더 오랜 시간 틀면 끝방도 시원해질 거라 생각했다. 3월이라 에어컨을 오래 틀 수는 없었기에 작동되는 것만 확인하고 바로 껐다. 하지만 "그것까지는 나는 모르는 일이다"라는 말의 의미를 밝혔어야 했다. 적어도 더 많이 더워지기 전에 말이다. 그러면 무언가 빠르게 손을 쓸 수 있었을 것이다. 그랬다면 그토록 마음이 급해지지도 않았을 것이다.

3월 설치 후 가동을 하지 않다가 5월 초에 에어컨을 틀어보니, 역시나 에어컨에서 가장 먼 끝방들은 바람이 나오지 않았다. 이미 조금씩 더워지기 시작한 때였다. 에어컨을 온종일 틀어도 2개 층의 끝쪽 방 8개 정도가 너무나 더웠다. 원인을 찾아야 했다. 다른 고시원 원장님들과 고시원에 에어컨을 설치해주는 업체들에 물어보니, 통상 고시원 평수보다 1.5배 더 큰 평형대의 에어컨을 설치하며, 인버터 형태가 아닌 정속형 에어컨을 설치한다고 했다. 나의 경우에는 고시원에 딱 맞는 평수의 인버터 에어컨이 들어가 있었다. 인버터 에어컨은 정속형 에어컨과는 작동 방식이 약간 달랐다.

날은 점점 더워지기 시작했고 방을 시원하게 해주어야 했다. 나는 전기세가 얼마나 나오던지 방을 시원하게 할 수만 있다면, 24시간 온종일 에어컨을 작동할 생각이었다. 하지만 더 큰 문제가 생겼다. 에어컨을 돌리면 돌릴수록 바람이 들어가야 하는 입구에서 찬 바람이 나오기 시작했다. 계속 이런 식으로 오작동 되면 결국 에어컨 컴프레서가 고장이 나서 사용하기 어렵다고 했다. 이제 설치해서 아직

2주도 채 사용하지 않은 새 제품이 갑자기 언제 작동을 멈출지 모르는 불안한 상황이 되어버렸다. 이 상태로 계속 돌리면 컴프레서가 멈춰 더 이상 에어컨의 기능을 할 수 없기 때문이다. 에어컨 작동이 멈추면, 방이 시원하지 않아 입실자들이 모두 나갈 수밖에 없었다. 에어컨은 고시원 매출과도 직결된 문제였다.

중고 업체 사장님은 고시원의 에어컨 설치가 조금 특수하다는 사실을 몰랐다. 가정집에 설치하듯 나에게 고시원 평수에 딱 맞는 제품을 권했던 터였다. 에어컨 설치 기사님이 그 정도의 평형으로 하면 된다고 말했기 때문이다. 하지만 에어컨 바람의 압력을 고려했다면 끝방에 에어컨이 나오지 않을 수 있다는 것 정도는 설치 전에 말해주어야 했다. 그랬다면 더 알아보고 공사를 진행했을 것이다. 결국 기사님과는 연락이 닿지 않았다. 사장님도 더 이상 함께 일하지 않아 기사님과 연락이 안 된다고 했다.

사실상 나는 에어컨 제품을 사고 설치하는 데에만 천만 원 이상 비용을 쓴 상황이었다. 냉방에 문제가 생기면 앞으로 훨씬 더워질 6~8월, 아니 9월까지도 제대로 운영할 수 없었다. 운영을 할 수 없다면 월세부터 시작해서 모든 비용을 충당할 수 없다는 말이기도 했다. 이미 퇴직을 한 상황이었고, 나에게는 다시 돌아갈 길이 없었다. 앞날이 깜깜했다.

고시원 사무실에 앉아있으면 5월인데도 정말 땀이 쭉쭉 날 만큼 더웠다. 창이 바깥으로 열리는 외창의 방에 비해 창이 복도에 있는 내창의 방들은 특히나 더 더웠다. 더욱이 찬 바람이 복도 쪽으로 다 빠져나가, 이제 절반 이상의 방들이 시원하지 않았다. 입실자들에게 여간 미안한 것이 아니었다. 사실 이 부분이 더 가슴 아팠다. 잠깐만 있어도 땀이 쭉쭉 나는 사무실에 우두커니 앉아 눈물만 떨구고 있었다.

2주여 정도 잠을 잘 수 없었다. 그때 생각이 나면 자다가도 벌떡 일어났다.

"그것까지는 나는 모르는 일이다."

설치 기사님의 이 말은 에어컨 설치는 잘 되었고, 바람이 나오니 본인의 역할은 다했다는 의미였다. 어찌 보면 맞는 말이지만, 기사님을 붙들고 왜 이런 현상이 생긴 건지 더 진지하게 알아봐야 했다. 분명 끝방들은 에어컨 바람이 거의 나오지 않았다. 그것은 분명한 사실이었다. 그럼에도 그 당시 그 말을 듣고도 바보같이 그대로 기사님을 보내 버린 나 자신이 그렇게 한심하고 원망스러울 수 없었다. 그 생각이 나면 자다가도 벌떡 일어나 내 가슴을 세차게 쳤다.

그때 내가 끝방에 바람이 나오지 않는 문제를 조금 더 진지하게 알아봤다면. 3월에만 제대로 알아챘다면. 그때는 방도 다 채워지지 않았고 해결할 시간도 벌 수 있었을 텐데. 이미 날은 더워졌고, 모든 방에는 입실자들이 있다는 사실이 나를 힘들게 했다. 이런 상황에서 에어컨 설치 비용이며 앞으로 해결해야 하는 추가적인 공사대금과 입실자 퇴실로 인해 매출이 떨어질지 모르는 리스크까지, 이 모든 것을 나 혼자 감당해야 한다는 사실이 억울했다. 몹시도 심하게 가슴을 짓눌렀다.

스스로에 대한 자책과 타인에 대한 원망이라는 감정에 휩싸여, 2주 정도를 업체와 네 탓, 내 탓을 하며 전화 공방으로 시간을 보냈다. 물론 모든 책임이 나에게 있었지만 아주 일부분이라도 함께 책임져 달라고 요구했다. 때로는 눈물로 때로는 악을 쓰며, 그렇게 당신들에게도 도의적인 책임이 있다며 소리를 질러댔다. 하지만 나의 요구는 받아들여지지 않았다.

당신은 그 어떤 문제보다 크고 강하다

날은 점점 더워지고 있었다. 이미 5월 중순을 훨씬 넘겼고, 나는 정신을 차려야만 했다. 끝나지 않는 업체와의 공방으로 이제 더 이상 시간만 허비하고 있을 수 없었다. 내가 먼저 공사를 시작해버리면 업체의 도의적인 책임조차 물을 수 없기에, 어느 정도 협의가 되면 공사를 시작하려 했다. 하지만 시간이 이렇게 오래 걸릴 줄 몰랐고, 중요한 건 이제 더 이상 협의할 시간조차 없다는 것이었다. 시간이 흐르면 흐를수록 나의 부정적인 감정만 최고조에 이르렀다. 무엇보다 이대로 에어컨을 돌리다가 정말 갑자기 멈추기라도 하면 다시 에어컨을 새로 구입해서 설치해야 하는 비용이 추가로 더 들 수 있는 상황이었다. 순간 정신이 번쩍 들었다.

그날부터 미친 듯이 견적을 받았다. 족히 30~40군데는 넘었던 것 같다. 에어컨 설치 사장님, 덕트 사장님, 시스템 에어컨, 공조 덕트 사장님까지 그분들에게 문제의 원인과 해결 방법에 대한 조언 및 견적을 받았다. 자신이 속해 있는 분야에서 판단한 진단 및 해결 방법인지라 공사 방법에 대한 제안은 각기 달랐다.

이번에는 공사를 급하게 진행할 수도 없었다. 이미 기존 인테리어가 되어 있고 입실자가 다 채워져 있었기에 공사 시일과 범위를 최소로 잡아야만 했다. 에어컨 바람을 위로 더 올릴 수 있도록 팬을 달면 된다고 말씀하시는 사장님도 있었다. 지금 상황에서 그것이 가장 간단한 방법이라고 했지만, 결과는 알 수 없다고 했다. 업체 사장님들의 모든 조언의 공통점은 결과를 장담하지 못한다는 것이었다. 에어컨 자체의 평형이 작아 바람 자체의 양이 부족할 수 있기에, 해봐야 결과를 알 수 있다고 했다.

주로 대부분은 복도 천장을 다 뜯고 천장 안의 덕트를 새로 만들어넣어야 하며, 그렇게 공사를 하면 복도 천장이 많이 낮아진다고 했다. 나는 천장이 낮아지는 것도 기존 인테리어가 훼손되는 것도 싫었다. 복도 천장을 모두 다 뜯어낼 경우, 공사 기간도 길고 공사 자체가 너무 커지기도 했다. 더욱이 그렇게 되면 긴 공사 기간 동안 에어컨을 가동할 수 없고, 모든 입실자를 다 내보내야 할 수도 있는 상황이었다.

또 한 번 속이 타들어갔다. 비용과 공사 기간, 남아 있는 입실자들에게 피해가 가지 않는 선에서 가장 효율적인 공사를 선택하고 결정해야 했다. 그 모든 공사에 대한 결과의 책임 또한 오롯이 나의 몫이었다. 그러하기에 쉽게 결정할 수 없었다. 심사숙고해야 할 상황인데 날씨가 점점 더 더워지고 있다는 사실이 나의 마음을 급하게 만들었다. 공사는 시작도 못 하고, 여러 견적을 통해 공사 방향 정하는 데에만 4주 이상 걸렸다. 나에게 그때의 순간들은 정말 피가 말리는 시간이었다.

급한 대로 더운 방의 입실자들에게는 선풍기를 사다 주고, 미안한 마음에 입실료를 몇만 원씩 할인해주었다. 전체 입실자들에게는 여러 차례 커피 쿠폰을 보내주었다. 그래야 미안한 마음이 조금은 편했다. 지금 내가 해야 할 일은 이 문제를 효율적으로 해결할 수 있는 업체 사장님을 찾는 것이 급선무였다. 그러기 위해 정말 많은 분을 만났다.

결국 견적 받기 시작한 지 한 달 만에, 바람의 양을 계산해서 설계해줄 수 있는 덕트 사장님을 만날 수 있었다. 기적처럼 기존 인테리어를 다 뜯지 않고 복도 천장을 최소한으로 몇 군데만 뚫어, 공사를 진행할 방법을 제시해주셨다. 다행히 그 사장님 덕분에 공사 후 끝방까지 바람이 잘 나오게 되었고 우리 고시원은 시원해졌다.

공사를 진행하고 보니, 천장에 있던 덕트의 크기가 작았던 것이 주요 원인이었다. 새로 설치한 에어컨으로도 시원하게 지낼 수 있다는 건, 30평형대의 인버터 에어컨이 전적으로 모든 문제의 원인은 아니었다. 물론 통상 대부분은 고시원 평수보다 1.5배 더 큰 평형대의 에어컨을 사용하는 것이 일반적이다. 덕트 사장님들이 결과에 대해 확신하지 못했던 이유도, 평형이 작은 에어컨으로 인해 바람의 양이 충분하지 않을 수 있어서였다.

페인트 사건과 마찬가지로 이 부분에 대한 지식과 노하우가 없다 보니 이런 사달이 났다. 고시원 중앙냉방 방식에 대한 이해가 없었다. 경험해 보지 않은 부분이니 전혀 알 수 없었던 것이다. 페인트는 색만 다시 고르면 되는 경우와 다르게, 냉방 설비의 문제는 비용 부분과 공사의 범위에서 문제의 급이 달랐다. 이 문제 상황이 너무 커서 그 앞에서 나는 작아져 있었다. 해결할 수 없을 것만 같았고, 몇천만 원 이상의 추가 공사 비용도 겁이 났다. 그래서 중고 업체 사장님의 책임도 있다며 소리를 질렀던 것이다. 하지만 이제 와서 따져보면 중고 업체 사장님이 책임을 질 정도의 잘못은 없었다.

그럼에도 그때 나는 왜 그렇게 악을 쓰고, 울부짖으며 소리를 질렀을까? 이 문제 상황에 대해 너무나 감정이 앞섰다. 문제의 핵심을 찾기 위한 노력을 기울이기보다, 주변에서 말하는 1.5배 더 큰 평형대의 정속 에어컨을 사용하지 않아 잘못된 것이라고 생각했다. 나보다 전문가일 수 있는 에어컨 기사님과 업체 사장님이 고시원의 특성을 고려하지 않고 에어컨을 권해준 것이 문제였다고만 느꼈다.

그 당시 날씨는 점점 더워지고 입실자들의 덥다는 민원과, 몇천만 원 단위의 공사비용이 더 들 수밖에 없는 상황들이 맞물리며 이 문제에 압도되어버린 것이다. 문제가 너무 커서 자신이 해결할 수 없을 것 같을 때, 사람은 부정적인 감정을 품는다. 과거에 연연하거나 남의 탓을 하게 된다.

'그때 내가 왜 그렇게 바보 같았을까?'
'그때 왜 그냥 보냈을까?'
'그때 나는 왜 더 이상 묻지 않았을까?'

과거의 기억이 떠올라 가슴을 치며 힘들어하고 아파하게 되는 것이다. 하지만 이미 일어난 과거의 일은 돌릴 수 없다. 그 사실이 중요했다. 되돌릴 수 없기에 과거에 집착해서는 안 되었다. 집착한다고 해결될 일이 아니기 때문이다. 오히려 감정을 빼고 현재 일어난 문제 사항의 팩트만 고려해야 했다. 일어나지 않았으면 좋으련만, 이미 일어난 일에 대해서는 해결 방법에 집중해야 한다. 그러기 위해서 감정을 배제해야 했다.

'어떻게 해결할까?'

'해결을 위해 누구의 이야기를 더 들어야 할까?'

어떤 문제이든 내가 해결할 수 있다는 믿음을 가져야 했다. 그래야 과거에 연연하며 생긴 부정적인 감정을 배제할 수 있다. 이 부정적인 감정이 배제될 때, 문제보다 더 강한 내가 될 수 있다.

"돈 많은 사람이건 가난한 사람이건, 크게 노는 사람에게나 작게 노는 사람에게나 문제는 끊임없이 일어난다. 숨을 쉬고 있는 한은 문제와 장애물이라는 것들이 항상 당신의 인생에 찾아들 것이다. 간단하게 풀어주겠다. 문제의 크기는 결코 문제가 아니다. 중요한 것은 당신의 크기다."

"삶에 커다란 문제가 있다면, 그것은 당신이 작은 사람이라는 뜻이다. 보이는 모습에 속지 말라. 밖으로 드러난 세계는 내면세계를 비추는 거울에 불과하다. 이 상황이 영원히 달라지기를 바란다면 문제의 크기를 쳐다보지 말고 당신의 크기를 쳐다보라!"

하브 에커(T. Harv Eker)의 《백만장자 시크릿》에 나오는 글귀다.

내가 그랬듯, 당신이 무언가 큰 문제를 겪고 있다면 그것은 당신이 그 문제를 해결하지 못할 거라는 감정에 휩싸여 있을 수 있다. 문제 상황에 압도되어, 과거에 연연해하며 생긴 부정적인 감정으로 인해 아파하고 힘들어할 수 있다. 하지만 아무리 과거의 시점을 돌이켜 생각해본다 한들, 그런 식으로는 해결할 수 없다.

당신은 당신에게 어떤 문제가 닥치더라도 그 문제를 해결할 수 있는 강한 사람이라고 스스로 믿어야 한다. 그래야 비로소 부정적인 감정을 배제하고 그 문제를 해결해나갈 수 있다. 어떤 어려움이 닥치더라도 당신이 그 문제보다 더 큰 사람이라고 느낄 때, 당신의 크기가 달라질 것이다. 당신의 내면은 그 어떤 문제보다 훨씬 더 크고 강하기 때문이다.

당신이 행동과 보상 사이의 시간 차를 견뎌야 하는 이유

문자 메시지가 왔다.

"409호 ○○○, 퇴실 관련해서 문의드립니다. 6월 ○일에 퇴실 희망이어서 연락 남깁니다."

"안녕하세요. 저 이번 달 말일에 ○○으로 가게 되었어요. 그전에 방을 뺄 것 같아요."

"안녕하세요. 410호 ○○○입니다. 6월 17일에 퇴실 알려드리려고 연락드렸습니다."

문자 메시지 알림음만 와도 철렁했다. 가슴이 무겁게 내려앉았다. 문자 메시지를 열어보는 것이 겁이 나고, 알림음이 무섭기까지 했다.

'또 나간다고 하면 어떡하지?'

에어컨 덕트 공사가 잘 마무리되어, 이제 우리 고시원은 훨씬 더 시원하고 쾌적했다. 에어컨 문제를 해결하고 한시름 놓으려는 순간, 6월 중순부터 입실자들이 대거 빠져나가기 시작했다. 정신을 못 차릴 지경이었다. 그 당시 거의 2~3주에 걸쳐 29명 이상 나갔다. 방을 다 채웠다며, 만실이라며, 너무 기뻤는데. 사실상 에어컨 문제로 힘든 시간을 보내며 만실의 기분은 누려보지도 못한 채, 사람들이 빠져나가기 시작한 것이다. 산 너머 더 큰 산이 기다리고 있었다.

이유는 간단했다. 4~5월에 입실 문의를 한 여학생들은 간호실습 학생들이었다. 간호학과 학생들은 2~3주, 길면 4~6주 정도의 병원 실습을 받는다. 실습이 끝나면 그 이후 더 이상 연장이 없다. 바로 다들 집으로 돌아가는 것이다. 대학교가 방학하는 시점에는 실습이 없었다. 그 시점이 6월 중순이었다. 그 당시 실습생만 24명 정도를 받았으니, 어쩌면 당연한 일이었지만, 머리를 크게 한 대 맞은 것처럼 정신이 아찔했다. 몇 명 대학생까지도 방학을 맞아 퇴실하겠다는 연락을 준 것이다. 그렇게 29명 정도가 동시에 나간 것은 아니지만, 6월 중순부터 물밀 듯이 빠져나가기 시작했다.

어느새 우리 고시원의 수요층이 바뀌어 있었다. 처음에 내가 들어갔을 때만 해도 나이가 지긋하신 어르신들이었다. 인테리어를 밝고 환하게 한 후, 사진을 찍어서 온라인으로 마케팅했다. 그러다 보니 입실 문의가 20~30대의 젊은 분들로 바뀌었다. 나중에 보니 인근 고시원에서는 2~3주 정도의 짧은 기간의 실습생들을 잘 받아주지 않았다. 2~3주 정도 짧게 살고 나갈 경우, 방 청소를 여러 번 해야 하기 때문이다. 고시원 입장에서는 몇 개월 길게 살 수 있는 입실자를 받는 것이 좋았다. 주변에서 잘 받지 않다 보니 자연스럽게 우리 고시원으로 문의가 많이 왔고, 나는 오는 대로 다 받아주었다. 이렇게 한 번에 빠질 수 있다는 생각은 했지만, 그 이후에도 계속 잘 채울 수 있을 줄 알았다. 맨땅에 헤딩하듯 모든 것을 처음부터 해봐야 하는 상황이니, 수요 파악 또한 겪어보지 않으면 알 수 없는 것이었다.

그런데 생각보다 타격이 컸다. 이렇게 빠져나가는 건 한순간이지만, 방을 채우는 것은 기약이 없었다. 언제 입실 문의를 할지 알 수 없었기에 마냥 기다리는 입장이 되었다. 입실 문의가 오더라도 바로 계약되지 않기도 했다. 어느 정도 것이어야지 이렇게 공실이 많이 생기니, 힘을 내자고 아무리 스스로 달래도 기분이 다운되고 불안했다. 문의조차 오지 않는 날에는 과연 이번 달에 방을 채울 수 있을지, 예전처럼 적자가 나지는 않을지 걱정되고 두려웠다.

다시 간절하고 절박해졌다. 어느덧 이제 고시원은 나의 생계 수단이었다. 학교로 다시 돌아갈 수는 없기 때문이다. 이미 퇴로를 끊어 냈기에 고시원 수입은 나에게 월급과도 같은 소중한 것이었다. 어떻게든 방을 채워야 했지만, 하루 종일 기다려도 문의 전화 한 통 오지 않는 날에는 걱정이 한가득 앞섰다. 어쩌다 문의가 오고, 고시원 룸 투어를 진행해달라는 말에 그 시간에 맞춰 나갔다가 1시간 이상 기다리기도 했다. 갑자기 연락도 없이 오지 않았기 때문이다. 그런 날은 더욱 힘이 빠지고 마음이 몹시 힘들었다.

시설의 문제는 어떻게든 고치면 끝나기는 했다. 하지만 공실의 문제는 달랐다. 언제 사람이 올지 알 수 없기에, 모든 게 불확실했다. 인간은 미래의 불확실성에 두려움을 느낀다. 나 역시 그랬다. 두려움과 불안, 걱정은 세트로 다가왔다. 그러다 보면 부정적인 생각과 감정에 쉽게 휩싸이곤 했다.

'역시 수요가 탄탄히 받쳐주는 역세권으로 해야 했나?'
'방학이라 학생도 없고, 직장인 수요도 없고. 이게 될까?'
'수요가 없는 곳을 내가 잘못 선택했나?'

불쑥불쑥 드는 부정적인 생각은 감정을 다운시켰다. 다만, 이런 부정적인 생각이 드는 건 당연한 것임을 알고 있었다. 인간은 앞날을 알지 못함에 불안을 느끼기 때문이다. 이 불안으로 인해 걱정의 마음이 들 수 있다는 것을 인정하고 수용했다. 대신 부정의 생각을 긍정의 생각으로 대체하기 위해 노력했다. 2023년 여름, 텅텅 비어 있는 방들을 보며 가슴이 내려앉을 때, 나를 지탱해준 문구는 2가지였다.

'끝날 때까지 끝난 것이 아니다.'
'내일은 내일의 태양이 뜬다.'

방을 그달 말일까지만 채우면 되었다. 모든 월세와 공과금을 매달 마지막 날에 납부했기 때문이다. 5일이 남아도, 3일이 남아도 아직 그만큼의 날이 남아 있음에 감사했다. 밤마다 위의 2가지 문구를 되뇌며 잤다. 아침에 일어나서는 이렇게 생각했다.

'오늘은 오늘의 태양이 뜬다.'
'오늘도 새로운 하루를 주셔서 감사합니다.'

물론 나도 처음부터 이런 문구를 되뇌지는 않았다. 직장생활을 할 때는 전혀 없던 모습이다. 월급이라는 안정에서 벗어나 창업을 하게 되고 모든 결과가 나에 의해 비롯되다 보니, 나의 생각과 감정을 조절하는 것이 무엇보다 중요했다. 정말 신기하게도 온종일 문의 한 통 없어 낙담한 날, 앞의 문구를 되뇌다 잠들면 신기하게 다음 날 입실 문의 전화가 오고 계약이 성사되기도 했다. 어제의 그 걱정이 무색하게 다음 날 연락이 오면 그렇게 기쁠 수가 없었다. 그럴 때는 정말, 사람이 한 치 앞을 내다볼 수 없구나 싶은 생각이 들었다.

'한번 해보자' 싶었다. 30개를 채울 생각을 하면 마음이 무거우니, 목표량을 쪼개기로 했다. 1주일에 6~7명만 채우기로 한 것이다. 6명씩 5번의 사이클을 돌리면 되는 것이다. 그러기 위해서는 뭐든 하루에 하나씩 행동하기로 마음먹었다. 정 할 게 없으면, 청소했던 방을 다시 닦았다. 마음속으로 이 방에 입실자가 채워지거라 생각하며 닦았다. 그런 생각을 하며 닦고 또 닦다 보면 혼자 울컥하기도 한다. 문의 전화가 뜸하고, 다음 날에도 또 할 일이 없으면 블로그라도 하나 더 썼다. 남아 있는 입실자들에게 커피 쿠폰이라도 하나 더 보내고 안부 문자 메시지라도 보냈다. 계약으로 연결되지 않더라도 입실 문의 전화를 친절하게 받는 노력도 기울였다. 그렇게 했다고 갑자기 방이 금방 채워지지는 않았다. 하지만 현재 내가 할 수 있는 모든 정성을 쏟았다.

"셋째, 노력한 만큼의 대가는 반드시 주어진다는 것을 믿어라. 문제는 그 시기가 당신이 생각하는 시간보다 더 미래에 있다는 점이다. 이것을 나는 '보상의 수레바퀴는 천천히 돈다. 가속도가 붙기까지는'이라는 말로 표현한다. 그러나 사람들은 그 사실을 모른다."

세이노의 《세이노의 가르침》에 있는 내용 일부다. 어느 순간 기존의 입실자가 깨끗해서 살기 좋다며, 다른 친구들을 여러 명 데려왔다. 입실 문의 때 원장님이 너무 친절해서 다시 연락했다며 몇 주 후에 다시 계약하기도 했다. 주변 고시원에 살고 있는데 관리가 너무 안 되어 옮기고 싶다는 분도 있었다. 시설을 깨끗하게 관리하고 입실자와 전화 문의를 하는 분들에게 친절하게 대하니, 결국 사람이 사람을 데려왔다. 그렇게 한 달 조금 지나 9명이었던 입실자는 30여 명을 넘었다.

당신이 앞날을 알 수 없어 불안과 두려움을 느끼는 것은 당연하다. 그러하기에 불안과 두려움으로 인해 생기는 부정적인 감정을 있는 그대로 받아들여야 한다. 깊은 수용 후에야 긍정의 감정으로 대체할 수 있기 때문이다.

긍정적인 감정으로 바꿔야 하는 이유는, 부정적인 생각과 감정은 인간을 무기력하게 만들어 행동하지 않게 하기 때문이다. 긍정의 마음이 있어야 사람은 비로소 행동한다. 행동해야 수확하듯 보상을 받을 수 있다. 아무것도 하지 않으면 아무 일도 일어나지 않는다.

다만, 행동했다 한들 다음 날 바로 보상이 주어지는 것은 아니다. 행동과 보상 사이에는 분명 시간 차가 존재한다. 입실 문의 전화를 받을 때 나의 친절했던 행동은 6개월 이후 계약으로 연결되기도 했다. 6개월이라는 시간 차가 있었던 것이다.

그렇듯 행동과 보상의 긴 시간 차를 기다리지 못하면, 역시 안 된다며 중도에 포기할 수도 있다.

당신이 올바른 방향으로 그 일을 위해 행동했다면, 그 보상은 언제가 주어질 것을 믿어야 한다. 자신의 부정적인 생각과 감정을 깊이 있게 수용하고 긍정의 생각으로 바꾸며, 아주 작은 행동들을 이어나가는 것은 중요하다. 왜냐하면 당신이 행동과 보상 사이의 시간 차를 견딜 수만 있다면, 그 행동은 전혀 생각지도 못한 순간에 멋진 보상으로 돌아올 것이기 때문이다.

3장

•••

그럼에도 나에게는 꿈이 있었다

가족에게 진 마음의 빚을 잊지 말아야 한다

고시원 창업 강의를 들을 당시, 남편에게 고시원을 하겠다는 말을 어떻게 해야 하나 싶었다. 못하게 할까 봐 걱정이 앞섰다.

"오늘 신사동에 가야 해."

그날 나는 남편에게 짧게 말했다. 어디에 가는 것인지 밝히지 않고 그냥 가자고만 했다. 그 당시 고시원 창업 강의 수업을 한 강사님은 실제로 고시원을 여러 개 운영하는 분이었다. 양해를 구하고, 오픈을 앞두고 한참 인테리어를 하는 강사님의 고시원으로 남편을 데려갔다. 내부가 철거된 고시원 방도 보고, 주방도 확인하며 쭉 한 바퀴 돌고 밥을 먹으러 갔다. 햄버거 가게에 앉아 말했다.

"나 고시원 할 거야!"

한동안 말이 없었다. 원래 남편은 말이 많지 않다. 한참을 이따 한마디 한다.

"이걸 어떻게 하려고?"

그 말 한마디를 기다렸다는 듯, 나는 흥분해서 말하기 시작했다. 고시원을 하면 월 몇백만 원의 현금흐름을 만들 수 있다는 것부터, 인테리어를 마치고 안정되면 매일 나가지 않을 수 있다는 것도. 그 시간을 이용해서 다른 일도 할 수 있다며 좋은 점만 잔뜩 이야기했다. 그리고 마지막 한마디.

"학교는 퇴사하려고. 나는 이제 강연가의 길을 가야지."

지금 글을 쓰면서도, 아찔하다. 정말 무모했다. 뭘 믿고 그런 건지 싶다. 물론 그 당시 혼자는 아니었다. 창업을 끝까지 도와주기로 한 고시원 수업의 강사이자 현재는 나의 멘토가 된 분이 있긴 했다. 하지만 그때는 강의를 몇 번 듣지도 않았을 때였다. 지금 생각해보면 잘못되거나 망하지 않아서 다행이지, 사실상 막무가내였다. 남편은 우려의 몇 마디를 건넸을 뿐 말을 아꼈다. 허락의 의미는 아니었다.

말 그대로 말을 아끼며 혼자 삭혔던 것이다. 남편의 성격을 잘 알던 터였다. 앞으로의 일이 걱정되고 불안하지만, 그 마음을 혼자 삭이는 편이라 별다른 잔소리는 하지 않았다. 그렇게 남편은 한 달 이상을 삭혔고, 극구 반대를 하지는 않았으니 무언의 허락을 받은 셈이었다.

어쨌든 고시원을 시작할 수 있었다. 하지만 예상과는 달리 고시원 일 중에는 시설을 정비하는 일이 많았다. 세면대 배관이 막히면 분해해서 머리카락과 이물질을 제거해야 했다. 변기가 막히면 변기도 뚫어야 했다. 드릴로 박아야 하는 경우도 있고, 도어락이 고장 나면 분해해서 고쳐야 했다. 원룸 화장실에 하수구 트랩도 끼워 넣고, 물이 새면 방수액도 바르고 실리콘도 쏘아야 했다.

고시원 창업 수업을 함께 들은 다른 여자 원장님은 이 모든 시설 정비를 직접 하셨다. 자신의 업장이다 보니 배우며 하신 거다. 하지만 나는 이런 부분에서 영 손재주가 없어 해볼 엄두를 내지 못했다. 결국 수리할 일이 생기면 남편의 도움을 받아야만 했다. 매번 설비 사장님을 부를 수는 없기 때문이다. 출장비와 수리비의 비용이 많이 발생해서다.

인테리어를 하고 입실자를 채우지 못한 석 달 동안은 몇백만 원씩 적자가 났다. 인테리어 견적을 너무 높게 받아 초기 투자금은 예상보다 많이 들었다. 잘 되고 있던 고시원을 인수한 것이 아니었던 지라 처음에는 이것저것 고쳐야 할 것이 한둘이 아니었다. 그때마다 말없이 도와주었다. 5월부터 시작된 에어컨 공방으로 몇 주를 울며 보냈던 그때, 남편은 여기저기 에어컨 문제를 혼자 알아보고도 다녔다. 나에게 하고 싶은 말이 많았겠지만, 답답함과 울분, 화를 또다시 혼자 속으로 삭이며 말없이 도와주고 있다는 것도 알았다.

그런데 참 이상하다. 오히려 남편이 화를 내고 잔소리도 하고, 뭐라고 하면 덜 미안할 텐데. 그럼 같이 싸우고 항변하고 변명이라도 할 텐데. 본인도 속상하고 답답해하며 마음에 들지 않는데도 말없이 혼자 삭이고 있는 걸 보면 훨씬 더 미안한 마음이 크게 들었다. 고단수여서 그렇다기보다 남편의 기질과 성향 같은 거였다. 워낙 말로 표현을 안 하는 스타일이어서 그렇지, 힘들지 않아서는 아니었다. 고시원이 어느 정도 자리를 잡을 때까지, 조마조마하게 지켜볼 수밖에 없는 남편의 고통이 더 컸을 터였다.

그랬다. 나는 꿈을 꾼 죄로 마음의 빚을 졌다. 가족에게 돈으로는 갚을 수 없는 마음의 빚을 진 것이다. 인테리어 후에도 고시원이 자리를 잡는 데까지 거의 1년 정도 마음을 쓰고 정성을 들였다. 이에 아침부터 점심까지 때로는 저녁이나 늦은 밤에도 나가기도 했다. 나의 마음에 고시원을 잘 운영해야 한다는 생각이 우선이 되다 보니,

아이들에게도 신경을 제대로 써주지 못했다.

직장을 다닐 때는 퇴근하면 어느 정도 집을 우선순위에 둘 수 있었다. 창업하니 매출이 중요해졌고, 주중, 주말, 아침, 저녁 할 것 없이 매 순간이 신경 쓰였다. 특히 자리 잡기까지는 토, 일과 같은 주말에도 나가야 했다. 어떤 달은 펜션처럼 주말이 더 바빴다. 간호실습을 오는 친구들은 주말에 나가고 들어왔기 때문이다. 2주 간격으로 10개 방씩 우르르 나가면, 남편과 10개 방을 모두 치웠다. 아이들이 중고등학생으로 크긴 했지만, 주말마다 식사를 잘 챙겨주지 못하는 날도 많았다. 그럴 때는 남편과 아이들에게 미안했다. 내가 무슨 부귀영화를 누리겠다고 안정적인 학교를 박차고 나와 이러고 있나 싶은 생각도 들었다.

그럼에도 나에게는 꿈이 있었다. 그 꿈을 향해가기 위해서 현재의 고시원을 안정적으로 만들어야 했다. 지금의 이 일에 최선을 다해야 했던 이유다. 그리고 가족의 도움이 필요했다.

> **"우리 주변에는 이러한 '꿈의 급진주의자'들이 심심치 않게 있다. 얼마 전에도 강연하러 갔다가 한 가장을 만났는데 10여 년간 다녔던 직장을 그만두고 새로운 공부를 시작했다고 한다.**

그러면서 그가 이런 말을 했다.

"저 자신이 행복해야 결국 우리 가족 전체가 행복해질 거라고 생각해 고민 끝에 결단을 내렸습니다."

"누군가는 그의 결정이 용기 있다고 말할지도 모른다. 그러나 나는 용기가 지나쳤다고 생각했다. 아내와 자식이 있는 그가 당분간 생계 부양을 포기할 때는 분명한 계획이 있어야 했다. 공부에 드는 시간과 비용을 어떻게 마련할 것인지, 공부가 끝나며 어떤 과정을 거쳐 다시 돈을 벌 것인지에 관한 명확한 비전이 있어야 한다. 그러나 그는 디테일한 계획 없이 막연한 기대만 갖고 있었다. 가장의 꿈치고는 너무 허술하지 않은가? 자칫 자신이 행복해지려다 가족 전체를 불행에 빠뜨리는 아버지가 될 수도 있다."

김미경 강사의 《드림온》에 있는 내용이다. 강연가라는 나의 꿈의 길이 얼마나 걸릴지 알 수 없기에, 그 길에 필요한 시간과 돈, 생계를 위한 생활비를 만들어야 했다. 고시원 원장이 되는 것은 내 삶의 목표가 아니었다. 고시원을 디딤돌로 삼아 나의 길을 가고자 한 것이다. 그 길에 남편과 아이들의 도움이 필요했다. 목적지에 다 다를 때까지 앞으로 얼마나 더 많은 마음의 빚을 지게 될지 모른다.

다만, 내가 빚을 지고 있다는 사실을 잊지 않기 위해 노력할 뿐이다. 어느덧 고시원이 어느 정도 편해지다 보니, 게을러질 때도 있다. 내가 가려던 꿈을 잊고 그 길에 필요한 노력을 하지 않을 때면, 가족들에게 진 마음의 빚을 떠올린다. 그럼 내가 가려는 길에 또 한 걸음을 내디딜 힘이 된다. 지금 이 순간 글을 쓸 수 있는 것도 나를 도와주는 가족이 있기 때문이다.

40대가 된 당신이 이제서야 꿈의 길을 가고자 한다면, 꿈과 가족의 밸런스를 맞춰야 한다. 가족 누군가의 희생과 헌신이 필요할지 모른다. 당신은 미안함의 빚을 질 수밖에 없다. 대신 가족에게 진 마음의 빚을 잊지 말아야 한다. 그 마음의 빚을 당신 꿈의 원동력으로 삼아야 한다. 미안함을 미안함으로 끝내지 않도록, 마지막 순간 고마움으로 전할 수 있도록 당신은 당신의 꿈을 꼭 이뤄내야 한다.

약한 의지력,
이것이 가장 큰 장애물이다

"계세요? 안에 계세요?"

"괜찮으세요? 무슨 일 있으세요?"

여성 전용층 한 입실자의 방문을 여러 번 세게 두드렸다. 안에 있는지, 문제가 생긴 것은 아닌지 물었다. 한참을 두드려도 응답이 없기에, 문에 귀를 대고 들어봤다. 인기척이 전혀 들리지 않아 결국 전화를 걸었다. 마치 우리 고시원의 대표님께 보고하는 식으로 말했지만, 사실상 친한 원장님께 드린 전화였다.

"대표님, 입실자가 방 안에 계신 것 같은데, 응답이 없으세요."

"어떻게 할까요? 네. 경찰에 신고하겠습니다."

핸드폰에 실제 112 번호를 입력하고 통화를 눌렀다. 전화를 받은 경찰관에게 고시원 방 안에 사람이 있는데, 응답이 없다고 말했다. 신고받은 경찰관은 이것저것 몇 가지를 묻고는 이내 출동하겠다고 응답했다. 큰 소리로 전화 통화를 마치고 끊자마자 갑자기 방문이 열렸다. 잠들어서 몰랐다며, 왜 그러냐고 묻는 여성에게 정중히 말씀드렸다.

“이제 나가주셔야 할 것 같습니다. 짐 챙기세요.”

알았다며 다시 방문을 닫으려 하기에 닫지 못하게 문을 잡았다. 안으로 들어간 후 방문을 잠그고 다시 나오지 않을 경우를 대비해서였다. 내 손을 방문 사이에 끼어놓고 짐을 다 싸서 나갈 때까지 지키고 서 있었다. 아무리 내가 운영하는 고시원이더라도 입실자가 방을 점유하고 있는 경우, 강제로 문을 열면 안 되었기 때문이다. 전화를 끊자마자, 입실자가 먼저 문을 열었기에 경찰분께 오지 않아도 된다고 말씀드렸다. 그렇게 여성 입실자를 내보낼 수 있었다.

더운 날도 아니었는데 식은땀이 났다. 잠깐의 상황임에도 실제로는 너무나 떨리고 무서웠다. 다 끝나고 나니 다리가 후들거리고 맥이 탁 풀렸다. 방안에서 신고 전화를 듣고도, 문을 열지 않을 때 경찰 출동 후 일어날 상황이 걱정되었다. 순순히 나가지 않고 다른 행동을 할까 봐 그것도 겁이 났다. 다행히 경찰까지 출동하지 않았고, 다른 해코지 없이 바로 짐을 싸서 나간 것만으로도 감사했다.

이 입실자는 한 달가량 입실료를 내지 않고 숨어 살았다. 낮에는 나오지 않고 주로 밤에만 나오곤 했다. 고시원 입실료는 주로 한 달 단위씩 선불로 낸다. 첫 달에는 당연히 입실료를 내고 들어왔다. 문제는 한 달이 지난 후, 두 번째 달이 시작하는 날에 선불로 내야 하는 입실료를 내지 않았다. 문자 메시지를 보내면 차일피일 미루며, 아빠에게 돈을 받아오겠다고 했다. 어느 날은 아빠에게 직접 받으라며 아버님 번호를 알려주었다. 아버님께 전화를 걸어보니 거기는 또 어디냐며, 이런 전화가 한두 번이 아니라면서, 돈을 줄 수 없다고 했다. 급기야 입실자는 전화도 안 받고 문자 메시지에 대한 답도 없었다.

연락이 안 되니 신변 확인 차 CCTV를 확인해보면, 밤에만 몰래 나왔다. 화장실과 샤워실이 방 안에 있어서 주로 주방에만 나왔는데, 라면도 끓여가고 3분 카레, 짜장들도 방으로 가져갔다. 그렇게 두 번째 달부터 한 달 정도를 밤에만 활동하며 지냈다. 입실계약서상, 7일 이상 미납인 경우 퇴실시켜야 했다. 그때 당시 이런 경우가 처음이라 내가 어떻게 해야 할지 몰라 고민만 하다 시간이 훌쩍 지나버린 것이다. 물론 나가는 날, 한 달간 몰래 지낸 입실료는 한 푼도 받지 못했다. 그래도 큰 문제 하나가 해결된 듯해서 마음이 놓였다.

어떤 날은 갑자기 연락이 끊긴 남자 입실자도 있었고, 병원에 입원했다는 또 다른 여자 입실자도 있었다. 그런 입실자들은 방안에 쓰레기를 잔뜩 놓아두고 나갔다. 물론 입실료도 내지 않고 연락을 피하며 지내다가 어느 순간 몰래 나가는 거였다.

방안에 음식물은 오랫동안 방치되어 썩어 있었다. 그 안에 곰팡이가 잔뜩 피었다. 냄새도 문제지만, 초파리가 알을 까서 방안에 온통 여기저기 날아다녔다. 처음에는 방문을 열고 이렇게 된 방을 보면 화보다도 눈물이 났다. 속상해서다. 얼마나 열심히 닦아 만든 방인데, 싫은 마음에 기운이 빠졌다.

이런 방은 냄새를 빼야 해서 룸 정비도 더 오래 걸리기에 며칠을 공실 채로 두어야 한다. 기존 입실자에게 입실료도 못 받고, 청소 업체에 맡길 경우 청소 비용도 내야 하고, 며칠 동안 방을 못 빼니 기회비용까지. 업체 입장에서는 손실도 크다. 이런 일들이 여러 번 겹치면 고시원 원장은 극한 직업이라는 생각도 든다. 초보인 나에게 쉬운 일이란 없었다.

언제나 그렇듯 이럴 때는 감정을 빼야 함을 안다. 속상함, 화남, 짜

증 남, 이해 안 됨 등의 감정을 빼고 빨리 해결해야 하지만 매번 그러기가 참 쉽지 않다. 머리로는 아는데, 마음이 동하지 않아서다. 지저분하고 냄새나고 만지기도 싫은 이런 상황을 누가 좋게 생각할 수 있겠는가! 머리로는 빨리 해결하라고 하지만 사람 마음 누구나 더러운 건 싫은 거다. 막상 이런 상황을 대하면, 마치 누군가가 나를 테스트하는 듯싶다.

'이것 봐. 너 이래도 후회 안 해?'
'아니. 안 해! 내가 선택한 길이니까 끝까지 할 거야.'
사실 누가 테스트한다기보단, 나 자신과의 대화다. 내 내면에서 비아냥대듯 지금의 길을 선택한 걸 후회하지 않냐며 나에게 되묻는다. 그러다 보면 오기가 생기기도 한다.

'그래 까짓것, 어디 더 해봐라.'
'무슨 일이든 다 상대해줄게!'

이런 생각을 하면 스스로 울컥한다. 이때의 울컥은 조금 다르다. 슬퍼서라기보다 내 삶이 의미심장하게 느껴지기 때문이다. 나 스스로 이런 마음을 갖는 내가 대견하기도 하다. 현재 왜 이런 일을 겪는가 돌아보면, 결국 꿈이란 것이 나를 이렇게 단단하게 만드는구나 싶은 마음도 든다. 내 길을 가고자 함에 이 정도는 아무것도 아니란

듯이. 이까짓 것 별것도 아니라는 듯이. 괴테는 다음과 같이 말했다.

> **"인생에서 가장 큰 고난은 우리가 얻고자 노력하지 않는 것이다. 당신의 희망을 가로막는 장애물이 큰 것이 아니라, 당신의 희망을 실현하려는 의지가 약한 것이다. 약한 의지력. 이것이 가장 큰 장애물이다."**

쓰레기 방을 대하고, 치워야 하는 과정은 대단히 사안이 크거나 해결하기 어려운 문제가 아니다. 궂은일이기에 하기 싫고 미뤄지는 단순한 일 중 하나다. 하지만 아무리 작은 일이라도 하기 싫은 궂은일이 모이면, 자신이 하는 일들을 지속하는 게 힘들게 느껴질 수 있다. 나는 버텨야 했다. 내가 가고자 하는 꿈의 길에 가까이 가기까지, 고시원은 나의 생계를 책임져 줄 대안이기 때문이다. 꿈을 포기하지 않으려면 더럽고 하기 싫은 궂은일도 버텨야 한다.

당신이 선택한 길을 가다 보면 당신을 무기력하게 만드는 일은 해결하기 어려운 거대한 문제가 아니라, 아주 작은 여러 개의 궂은일일 수 있다. 앞으로 가려는 당신의 의지를 꺾고 약하게 만들 수 있다. 그런 순간에는 당신이 그 일을 해야만 하는 이유와 의미를 부여할 수 있어야 한다. 당신 삶에서 자신 스스로가 부여한 의미는 그 일을 해낼 의지를 갖게 해줄 것이기 때문이다.

지금의 불안한 삶을 피하고 싶다면

"10, 9, 8, 7, 6, 5, 4, 3, 2, 1."

"새해가 밝았습니다. 새해 복 많이 받으세요."

자정 무렵, 방송에서는 2024년 힘찬 새해가 밝았다며 새로운 한 해의 시작을 축하했다. 학교에 있었으면 내 맘이 지금보다는 힘찼으려나 싶은 생각이 들었다. 나에게 2024년 새해 아침은 힘차다기보다 고단한 느낌이었기 때문이다.

'왜 또 이렇게 입실 문의가 없지?'

6월에 입실자들이 물밀듯 빠져나간 기억이 있어, 간호실습 학생과 대학생을 적게 받으려 노력했다. 하지만 입실 문의 수요층 자체가 학생들로 이뤄지다 보니, 공실을 채우려면 안 받을 수 없었다. 역에서 조금 멀리 있어서인지, 우리 고시원은 직장인이 거의 오지 않았다. 역시나 12월부터 더 많이 빠져나가기 시작했다. 2024년 새해가 힘차게 밝았는데, 매달 몇십 개씩 공실을 채워야 한다는 부담감이 고단하게 느껴졌다.

1년 정도 고시원을 운영해보니 수입의 유동성이 크다는 것도 알았다. 기본적으로 방을 다 채워야 어느 정도 수익이 났다. 방을 절반 정도 채우면 적자는 아니지만, 월세 및 고정지출을 빼면 남는 게 없었다. 방을 다 채우더라도 에어컨으로 인한 전기요금, 보일러의 가스요금과 같은 공과금이 많이 들어가는 여름, 겨울에는 수익이 줄었다. 고시원 시설 보수를 위한 수리비 또한 매달 몇십만 원에서 몇백만 원까지 들어갔다. 그런 달은 수익이 더 줄기도 했다. 많고 적고를 떠나 꼬박꼬박 고정적인 월급을 안정적으로 받았던지라, 그런 생활을 20년 동안 해왔던 나에게는 월수입의 유동성을 견디는 것이 무엇보다 힘들었다.

그러다 보니, 자연스레 고시원 외 다른 일을 더 해야겠다는 생각이 있었다. 우연한 기회에 아는 고시원 원장님이 자신이 운영하던 무인 가게를 내놓는다는 소식을 들었다. 주변에서는 한창 비수기인 한겨울에 왜 아이스크림 가게를 인수하냐며 우려했다. 하지만 대학교 개강과 병원실습이 다시 시작될 때까지 몇 개월의 고시원 공실을 버텨야 했다. 한겨울이지만 몇십만 원이라도 더 벌 수 있으면 해야겠다 싶어 결국 인수했다. 그만큼 월마다 수입이 오르락내리락하는 변동성을 견디는 것이 나에게는 힘들었다.

엎친 데 덮친 격으로 내가 운영하는 고시원에서 300m도 떨어지지 않은 다른 고시원이 인테리어를 했다. 그동안 우리 고시원 주변에 인테리어를 한 곳이 별로 없었기에, 깨끗한 시설을 원하는 입실자들이 찾아왔던 터였다. 3분 거리에 있는 고시원이 새롭게 인테리어를 했기에 영향을 안 받을 수 없었다.

주변 경쟁 업체로 인해 더 많은 공실이 생기면 매출이 줄어들 수 있기에 타격을 최소화할 수 있는 방법을 찾고 싶었다. 결국 고시원을 한 개 더 확장하기로 마음먹었다. 물론 아직 목돈이 없는 터라 대출을 더 받거나, 여기저기에서 빌려야 했다.

그럼에도 하나 더 운영하기로 결단을 먼저 내렸다. 어떤 길이든 가고자 한다면, 방법은 어떻게든 찾을 수 있다는 것을 경험을 통해 배웠기 때문이다. 그 마음 하나로 1년 전 그랬듯, 다시 고시원 임장부터 시작했다. 방 개수가 많지 않아 수익이 크지 않더라도, 첫 번째 고시원의 유동성을 보완해줄 정도면 되었다. 인테리어 비용도 없기에 바로 인수해서 운영할 수 있는 고시원을 중점적으로 알아봤다. 그중에 좀 오래되어 시설이 좋은 편은 아니지만, 역에서 1분 거리에 있는 고시원이 있었다. 상권의 중심지에 있어서인지 직장인과 학생, 나이가 많으신 어르신까지 나이대가 다양했다. 건물이 오래되고 시설은 낡았지만 결국 지하철역에서 가까운 다양한 수요층의 고시원을 하나 더 인수하게 되었다.

고정적으로 월급을 받을 때는 안정적이긴 했지만, 불평불만이 있었다.

'월급을 받아도 왜 매달 남는 게 없지?'
'너무 박봉인 거 아냐!'
'에잇, 이 정도 받는 것만 해도 감사하자!'

불평하다가도 감사하는 마음을 가져야 복을 받을 것 같아, 마지막은 언제나 '감사하자'로 끝났다. 말만 '감사해'일 뿐, 무언가 마음 한편에는 월급이 조금 더 많았으면 하는 아쉬움이 남아 있었다. 월급을 고정적으로 받으니 단지 덜 불안했을 뿐, 만족스러웠던 것은 아니다.

직장을 나와 창업해보니 수입이 고정되지 않은 것이 여간 불안한

게 아니었다. 언제 마이너스가 날지 알 수 없었다. 돈을 벌어도 앞으로 이만큼 벌 수 있을지 보장이 없어 불안했다. 돈을 벌면 벌어서, 돈을 못 벌면 못 벌어서, 이래저래 마음이 편한 날이 별로 없었다.

대부분의 사람이 불안을 견디기 힘들어하듯, 나 역시 그랬다. '불안하다'에 멈추지 않고 '불안'을 보다 더 안정적으로 만들고 싶었다. 아무래도 월수입이 고정되지 않고 유동적이다 보니, 여러 개의 수입원이 있었으면 좋겠다는 생각이 들었다. 무인 가게를 인수할 때도, 두 번째 고시원을 찾을 때도 자본금이 있어서 행동했던 게 아니다. 마치 꼬이고 얽힌 실타래를 하나씩 풀어가듯, 할 수 있다는 마음으로 한 단계씩 행동했을 뿐이다. 결국 나를 움직이고 행동하게 만든 동기는 불안이었다.

가바사와 시온(樺澤 紫苑)의 《당신의 뇌는 최적화를 원한다》에는 《이솝우화》의 '해님과 바람' 이야기가 나온다.

> **"어느 날 해님과 바람이 누가 먼저 나그네의 외투를 벗기는지 내기를 한다. 먼저 바람이 있는 힘껏 불어 나그네의 외투를 벗기려 했다. 그러나 추워진 나그네는 옷깃을 여미며 외투를 더욱 꼭 붙잡았다. 결국 바람은 나그네의 외투를 벗기는 데 실패했다. 그러자 해님이 뜨거운 햇볕을 내리쬐였**

다. 더위를 견딜 수 없던 나그네는 스스로 외투를 벗었다. 해님의 승리였다."

"이 우화는 다양한 해석이 가능하지만 나는 이 이야기에 노르아드레날린과 도파민의 작용이 잘 묘사되어 있다고 생각한다. 인간 행동의 동기는 2가지로 나뉜다. 불쾌함을 피하거나 쾌적함을 추구하는 것이다. 이솝우화의 나그네는 차가운 바람이 불었을 때 추위(불쾌함)를 피하기 위해 외투를 꼭 붙잡았다. 반대로 햇볕이 비춰 따뜻해지자 적당한 따스함(쾌적함)을 위해 스스로 외투를 벗었다. 전자는 '노르아드레나린형 동기부여'이고 후자는 '도파민형 동기부여'다(노르아드레날린형 동기부여 : 공포, 불쾌함, 꾸중을 피하기 위해 노력한다, 도파민형 동기부여 : 즐거움, 상, 칭찬 등 보상을 얻기 위해 노력한다)."

불안과 공포, 두려움이 항상 나쁜 것만은 아니다. 세상에 좋기만 하고 나쁘기만 한 것은 없다. 부정적인 감정이라도 어떻게 적절하게 사용하느냐에 따라 인생이 달라지기도 한다. 노르아드레날린으로 인해 생기는 불안, 두려움, 공포의 감정은 빠른 시간에 그 불쾌감을 없애기 위한 강력한 동기부여가 될 수 있다. 내가 월수입의 불안을 해소하고자 여러 번 행동했던 것처럼 말이다.

당신이 직장인 생활만 하다가 갑자기 자기 일을 하겠다고 뛰어들었다면, 수입의 불안정을 견뎌야 한다. 어느 달은 생각지도 못하게 많은 돈을 벌 수 있다. 하지만 또 어떤 달은 한 푼도 벌지 못하고, 오히려 막아야 하는 상황에 여기저기 돈을 빌리러 다닐 수도 있다.

당신의 일이 궤도에 오르기 전까지는 매일 매일 살얼음판을 걷듯 마음을 졸이며 돈 걱정을 해야 한다. 안정되지 않았다는 불안은 당신을 몹시 괴롭힐 수 있다. 하지만 우리가 기억해야 하는 것은 불안과 두려움의 감정은 당신을 꼼짝 못 하게 할 수도 있지만, 반대로 그 불쾌함을 피하려고 행동하게 만들 수 있다는 점이다. 지금의 불안한 삶을 피하고 싶다는 마음이 더 강력한 동기부여가 될 수 있음을 안다면, 오히려 당신은 행동할 수 있다.

꿈을 포기하지 않으니 돈이 벌리기 시작했다

"오전에 카페에서 책 좀 보다가, 오후에 고시원 들를 것 같아요."

집에서 나가기 전, 나의 일정을 남편에게 말했다. 어느 순간부터 나는 카페로 출근한다. 카페에 앉아 내가 좋아하는 책을 읽거나, 다이어리에 글을 쓸 수 있게 되었다. 아침 일찍 카페 2층 한쪽 구석에서 창을 바라보면 드라이브 스루로 커피를 사 가는 직장인들의 모습이 보인다. 도로 한쪽은 출근 차량으로 꽉 막혀 있다. 나도 아침마다 정신없이 애들 챙기고 급하게 출근하던 시절이 있었는데, 어느덧 옛 기억이 되어 까마득하게 느껴진다.

고시원은 처음 인수 후 2~3개월이 가장 힘들다. 원장 스타일에 따라 운영 방식과 시설 수리 등이 많이 달라지기 때문이다. 인수한 새

원장과 고시원 사이의 밀고 당기기가 있는 기간이라 보면 될 듯하다. 어디에서 어디까지 철거할지, 전기나 수도 배관을 그대로 가져갈지, 냉난방에 필요한 에어컨, 보일러 등을 교체할지, 가구와 소품을 넣을 것인지, 그 외 인테리어 규모와 예산은 어느 정도 잡을지 준비하고 공사하는 기간이 2~3개월 정도다. 그러다 보니 사실상 그 3개월이 가장 힘들다. 3개월 정도 시설의 미흡한 부분을 고치고 나면, 중간에 갑작스럽게 터지는 누수나 소방, 전기와 같이 시간을 앞다퉈야 하는 큰 사안이 아닌 이상, 다른 시설 문제들은 조금 여유를 가지고 수리할 수 있다.

3개월 이상이 되면 오히려 시설보다 입실자 수요층을 끌어오기 위한 마케팅이 더 중요해진다. 이미 수요층이 탄탄해서 공실의 우려가 없는 곳을 인수한 경우라면 심리적 부담이 덜할 수 있다. 하지만 나처럼 기존 수요층을 바꿔 처음부터 다시 시작해야 하는 경우 공실에 대한 부담감이 클 수밖에 없다.

인테리어를 한 후, 우리 고시원은 학생 수요가 주를 이뤘다. 학생들의 경우는 짧으면 1~3개월, 길면 6개월 정도 살고 나가는 경우가 많다. 병원실습생들의 경우는 2, 3주였다. 10~20개의 방을 2주 간격으로 받게 되면 입퇴실이 맞물려 신경이 많이 쓰이곤 한다. 입실과 퇴실 사이, 그 하루 이틀 안에 청소를 하고, 입실 문자도 보내야 한다. 처음 고시원을 사용하는 친구들이 많다 보니, 고시원 입실 규정도 설명해주어야 했다. 2주가 후딱 지나고, 퇴실과 함께 새로운 친구들이 입실하면, 그 과정을 또 반복해야 한다. 학기 중에는 정신없이 시간이 지나갔다. 실습이 없는 방학이 찾아오면 기약 없는 입실 문의를 기다려야 하기도 했다.

한 1년은 이렇게 마음을 졸이며, 공실을 채우기 위한 노력의 나날이었다. 시설의 쾌적함과 깨끗함은 기본이다. 입실자들의 문의에 빠른 답변을 하기 위해 1년 동안은 업무 핸드폰에서 눈을 떼지 않았다. 1분 이내로 즉각적인 답을 하기 위해 노력했다. 젊은 친구들은 할 말이 있으면 새벽 3~4시에도 문자 메시지를 주기도 한다. 그런 경우 새벽에 일어나 답장을 했기에, 인수 후 10개월 정도는 편하게 잠을 자지 못했다. 언제 연락이 올지 모르니, 신경이 곤두서서 잠을 푹 잘 수 없었다.

예전에는 병원실습생들이 많았던 것에 비해 지금은 공무원이나 편입, 중개사 시험 준비를 하는 학생들의 비중이 커졌다. 시험 준비하는 학생들의 경우 6개월~1년 정도 지내다 보니 예전보다 잦은 입퇴실로 인한 신경 쓰임도, 공실에 대한 우려 부분도 줄었다. 더욱이 현재에는 대기 수요로 인해, 퇴실하면 바로 다음 예약자에게 전화할 수 있는 상황이 되다보니 얼마나 감사한지 모른다. 방이 비고, 언제

올지 모르는 입실자를 기다려야 하는 막막함은 겪어보지 않으면 알 수 없다. 대기 수요가 있다는 것은, 방을 채워야 한다는 부담감, 불안감, 막막함에서 벗어날 수 있다는 의미다. 고시원 운영 부분에서 훨씬 더 안정감을 느끼게 된 이유다.

2개의 고시원이 어느 정도 안정되면서 온전한 시간적 자유가 생겼다. 물론 예전에도 시간의 자유는 있었다. 직장인처럼 출퇴근 시간이 고정되어 있지 않아서다. 어느 정도 자리가 잡힌 후에는 내 일정에 맞춰 편한 시간에 나가, 하루에 1~2시간 정도 일을 하고 온다. 다만, 고시원에 몸이 묶여 있지 않더라도 매달 생기는 수십 개의 공실을 채워야 한다는 부담감에, 지금만큼 편하지는 않았다. 현재는 공실보다 입실 수요가 더 많다 보니, 편안한 마음으로 나의 시간을 오롯이 쓸 수 있게 되었다.

입실자 대기 수요까지 만드는 데 꼬박 1년 6개월은 걸린 듯하다. 그 시간 동안 발을 동동 굴리기도 하고, 소리도 지르고, 울기도 하며, 이를 악물고 잘 버텨왔다는 생각이 든다. '강한 자가 살아남는 것이 아니라, 살아남은 자가 강한 것이다'라는 말처럼, 지금까지 버틴 것은 내가 강해서가 아니었다. 살아남아야만 할 이유가 있어서였다.

프리드리히 니체(Friedrich Nietzsche)의 《차라투스트라는 이렇게 말한다》에는 정신의 세 가지 변화에 대해 알려주고 있다. 어떻게 인간의 정신이 낙타가 되고, 낙타는 사자가 되고, 사자는 어린아이가 되는가 하는 이야기를 요약하면 다음과 같다.

첫 번째 낙타는 순종하고 체념하며 인내하는 동물이다. 낙타는 무릎을 꿇어 주인이 주는 짐을 충분히 싣고자 한다. 주인에게 복종하며 짐을 기꺼이 지는 것은 두려움 때문이며, 그러하기에 자유가 없다. 자신에게 주어진 무거운 짐을 묵묵히 짊어지고 사막을 지나가는 존재는 낙타(I should)다.

여기에서 두 번째 사자는 자유를 획득하고 사막을 지배하는 존재다. "그대는 마땅히 해야 한다"라는 이름을 가진 거대한 용에 맞서 사자의 정신은 "나는 바란다"라고 말한다. 용 가운데서 가장 힘센 용은 "'나는 바란다'는 있어서는 안 된다"라고 다시 한번 말한다. 이 거대한 용과의 격투에서 "나는 바란다"를 통해 자유를 획득하는 것은 사자(I will)의 단계다.

마지막 세 번째 단계는 어린아이다. 순결이며 망각이고, 하나의 새로운 출발, 하나의 유희, 신성한 긍정이 어린아이다. 새로운 가치를 창조하는 존재는 어린아이(I am) 단계다.

사자의 단계는 자신에게 주어진 기존의 삶에서 '마땅히 해야 한다'를 부정하고 '나는 바란다'를 통해 자유를 획득하는 단계이지만,

자신의 가치와 세계를 창조할 수는 없는 존재다. 우리의 정신이 세 번째 어린아이의 단계까지 올 때, 비로소 나의 삶의 가치를 내가 창조하며 살아갈 수 있는 존재가 되는 것이다.

나는 주어진 현실에 순종하고 체념하며, 이미 내 어깨에 올려진 짐들을 짊어지고 가는 삶을 살고 싶지 않았다. "너는 마땅히 해야만 한다"에 맞서 "나는 바란다"라고 말하고 싶었다. 남은 인생에서 내가 하고 싶은 일을 하며 나답게 살고 싶었다. 마치 사자와 같이 내가 가고자 하는 길을 위한 자유를 획득하고 싶었다.

학교를 그만두고 새로운 길을 선택할 당시, 나는 내 힘으로 돈을 벌 수 있을지 전혀 알 수 없었다. 오로지 나에게는 내 꿈을 포기하지 않겠다는 마음만 있었을 뿐이다. 그 마음 하나로 여기까지 올 수 있었다. 끝까지 나의 꿈의 길을 포기하지 않고 가겠다는 것, 그것이 내가 살아남아야 했던 이유다.

그런데 인생은 참으로 오묘하다. 나는 꿈을 포기하고 싶지 않았기에, "너는 해야만 한다"에 "나는 바란다"라고 답했을 뿐이다. 그 당시 현실적인 많은 이유로 돈을 벌기 위해 꿈을 포기했다면, 지금 나의 모습은 없었다. 단지 꿈을 포기하지 않았을 뿐인데, 교사 시절 받던 월급보다 훨씬 더 많은 돈을 벌고 있다. 꿈을 포기하지 않으니, 오히려 돈이 벌리기 시작했다. 물론 돈의 액수는 다른 누군가의 기준에서 적을 수도, 또는 많을 수도 있다. 앞으로 더 잃게 될지, 더 벌게 될지 알 수 없는 것 또한 돈이다.

그러하기에 지금 내가 얻게 된 소중한 첫 번째는 돈이 아니다. 나 자신에게 가장 의미 있는 첫 번째는 '해야만 한다는 삶'에 머무르지 않고, 내가 '바라는 삶'을 가기 위한 자유를 획득한 사자의 정신단계다.

두 번째는 예전의 삶에 비해, 더욱더 많은 시공간의 자유를 얻었다는 것이다. 내가 원하는 시간과 장소에서 내가 원하는 일을 할 수 있게 되었다. 아침에 일어나면 편한 시간에 내가 좋아하는 카페로 간다. 그 카페에서 내가 좋아하는 음악을 들으며 글을 쓰고 책을 읽는다. 온전하게 자신이 하고 싶은 일을 하며 산다는 것은 참으로 멋진 일이다. 그와 같은 시간의 자유를 얻었기에, 그 시간을 나의 가치를 높이는 데 사용할 수 있게 되었다. 나는 어떤 사람인지, 세상에 내가 어떤 가치를 주고 싶은지, 책을 통해 강연을 통해 알릴 수 있도록 지금도 글을 쓰고 있다. 내가 꿈꾸는 삶의 가치를 말하고 싶은 나는, 이제 사자의 정신단계를 넘어 어린아이의 단계로 가기를 바란다.

당신은, 현재 당신에게 주어진 현실의 무거운 짐을 짊어지고 가야 할지 모른다. 그럼에도 꿈을 포기하지 않겠다고 생각한다면 언젠가 자유를 획득하는 사자와 같이 될 수 있다. 순응하고 복종하는 낙타의 정신단계가 아닌 '나는 바란다'를 말할 수 있는 사자의 정신단계가 되는 순간, 현재보다 더 많은 돈을 벌게 될 수도 있다. 그 돈은 당신에게 시간과 공간의 자유를 선사할 것이다. 당신이 원하는 시공간 안에서 내 삶의 주도권을 내가 가지고 있다는 놀라운 감정을 지닌 자신을 만나게 된다. 꿈을 포기하지 않는다면 당신은 낙타에서 사자의 단계로 변화하며, 그 결과로써 당신에게는 더 많은 자유의 시간과 돈이 따를 것이다.

꿈이냐, 돈이냐!
둘 중 하나를 선택해야 할까?

"꿈을 좇으니 돈이 따라왔다."

교사 재직 당시 읽었던 많은 책에서는 돈을 좇지 말고 꿈을 좇으라고 말하고 있었다. 박웅현 작가의 《여덟 단어》의 본질 편에도 이런 글귀가 나온다.

"본질은 삶을 대하는 데 있어 잊어서는 안 되는 아주 중요한 단어입니다. 우리가 본질적으로 가져가야 할 것이 무엇일까요? 오늘이 그것에 대해 고민하는 하루가 되길 바랍니다. 덧붙이자면, 경험상 돈을 따라가면 재미도 없고 재미를 따라가면 돈도 따라오더군요. 그런 경험에 따른 제 생각을 말씀드리자면 돈은 본질이 아닙니다. 돈을 따라가지 말고

내가 뭘 하고 싶은지 내 실력은 무엇인지 어떤 것을 할 수 있는지를 고민해보고 그것을 따라가세요.”

책 대부분에 나와 있는 앞과 같은 내용으로 인해 나는 학생들에게도 돈을 좇지 말고 꿈을 좇으라고 말하곤 했다. 물론 나 또한 그래야 한다고 생각했다. 한데 막상 나의 꿈의 길을 가려고 하니, 꿈을 좇으려고 해도 그 길을 가기 위해서는 돈이 필요했다. 나는 헷갈리기 시작했다. 고시원을 창업하던 초창기 때, 그럼 나는 꿈이 아닌 돈을 좇고 있는 것인가 싶은 생각이 들었다. 더욱이 나와 아주 친한 지인조차도 나에게 말했다.

“학교를 그만두고 나온 건, 결국 너는 돈을 선택한 거잖아.”

그 말을 들었을 당시 가슴이 저렸다. 남들에게 나는 그렇게 보이는구나 싶은 생각이 들었다. 게다가 나 자신도 내가 돈을 좇는 건가 싶은 생각에 내 모습이 부끄럽다고 느꼈다. 고시원을 창업할 당시만 해도, 돈을 좇으면 안 된다는 생각이 강했기에 나의 신념을 저버린 것 같아 서글펐다. 돈과 꿈은 함께 할 수 없는 평행선이기에, 꿈이냐 돈이냐 둘 중 하나를 선택해야 하는 과정에서 마치 나는 돈을 선택한 것처럼 보였다.

시간이 조금 더 흐른 후에야, 돈을 벌기 위한 이 길이 오히려 내 꿈을 이루기 위한 것임을 나 스스로 명확히 할 수 있었다. 꿈이냐 돈이냐, 이 두 가지를 따로 나누어 둘 중 하나를 선택해야 한다는 나의 이분법적 사고가 문제였다는 걸 알았다. 왜냐하면 대부분의 성공한 사람들도 그 분야에서 성공하기까지 생계를 유지하기 위한 노력을 거쳤기 때문이다. 특히 개그맨이나 연극배우 중에는 무명의 시절을 오랫동안 버텼다가 이름을 알리게 된 경우들이 많다.

우리가 잘 알고 있는 라미란 배우도 10년 넘게 무명이었다고 한다. 생계를 이어갈 돈이 없어 벼룩시장을 오갔으며, 아이를 봐줄 사람이 없어 아기를 업고 오디션을 보러 가는 등 그와 같은 힘들고 어려운 시간을 버텼기에 지금은 영화나 드라마에서 불러주는 곳이 많이 생겼다고 한다.

이처럼 자신이 하고자 하는 분야에서 어느 정도 이름을 알리기 위해서는 10년 이상의 시간이 필요할 수 있다. 따라서 그 길을 포기하지 않으려면 자신이 가고자 하는 길과 전혀 무관한 곳이더라도 돈을 벌 수 있어야 한다. 그 이후 자신이 가고자 하는 분야에서 인정받고 이름이 나기 시작하면, 하고 싶었던 일로 돈을 벌 수 있다. 그때부터는 '꿈을 좇으니 돈이 따라왔다'라고 말할 수 있는 것이다.

따라서 꿈을 이루기 위해서 돈은 필요조건일 수밖에 없다. 다만 돈만 좇다 보면 어느 정도 원하는 만큼은 벌 수 있겠지만, 한계에 도달할지 모른다. 왜냐하면 박웅현 작가의 이야기처럼 돈은 본질이 아니기 때문이다. 자신의 상상 그 이상의 돈을 벌고 싶다면 그때부터는 돈보다 본질에 충실해야 한다. '내가 어떤 길을 가고 싶은지', '그 길을 감에 있어 어떤 능력을 갖추어야 하는지', '나는 누구에게 가치를 주고 싶은지', '내가 주고자 하는 가치가 세상과 사람을 이롭게 할 것인지'에 대한 것이 본질이다. 그와 같은 본질의 삶이 결국 자신의 꿈에 길이 될 것이기 때문이다.

꿈과 돈은 어느 한쪽을 선택해야 하는 것이 아니었다. 꿈은 고상하고 돈은 세속적인 차원의 그 무엇도 아니다. 평행선과 같이 만나지 못하는 것이 아니기에, 서로서로 보완하며 어느 이후부터는 함께 이어지는 원리가 있음을 알게 되었다. 이 같은 생각이 머릿속에 정립될 때쯤 나의 생각을 입증이나 하듯, 책 한 권이 출판되어 반가웠다.

니시노 아키히로(西野 亮廣)의 《꿈과 돈》이라는 책이었다.

명심해.
꿈을 이루려면 돈이 필요하고,
돈이 모이려면
꿈이라는 그릇이 있어야 해.

“꿈을 택할래? 돈을 택할래? 네 주변 사람은 이런 논쟁을 반복하고 있지 않아? 귀를 기울일 필요는 없어. 그런 건 전부 잠꼬대니까. 꿈과 돈은 상반 관계가 아니야. 우리는 꿈만 선택할 수 없어. 돈이 바닥나면 꿈도 바닥나. 그리고 꿈이 사라지면 돈도 사라져. 이게 진실이야.”

니시노의 말에 의하면 꿈과 돈은 상반 관계가 아니다. 나의 꿈을 펼치기 위해 그 길을 끝까지 걸어가기 위해서는 돈이 있어야 한다. 돈이 바닥나면 꿈도 바닥날 수 있기 때문이다. 하지만 마찬가지 원리로 꿈이 사라지면 어느 이상의 더 큰돈은 벌지 못할 수 있다.

따라서 나는 앞으로 더욱 본질에 가까운 나만의 꿈을 만들기 위해 노력해야 한다. 내가 세상에 어떤 가치를 줄 수 있는지를 보다 더 깊이 있게 생각해야 한다. 그 가치가 사람들을 이롭게 할 수 있는지 나는 나 자신을 지켜봐야 한다. 그래야 꿈을 이루었을 때, 꿈을 좇으니 정말 돈이 따라올 수 있는지를 검증해볼 수 있기 때문이다.

안정적인 직장을 그만두고 나올 때, 나는 나의 인생을 건 모험을 시작하면서 몇 가지 가설을 세운 것이 있다. 그중 한 가지가 ‘꿈을 좇으니 돈이 따라왔다’라는 것이다. 나의 인생을 통해 가설을 검증해볼 수 있으려면 나는 내 꿈을 이루어내야 한다. 내 삶의 경험으로

부터 얻어진 결과가 어떤 것일지 나 역시 궁금해지는 이유다. 나에게는 꿈이 있고, 그 꿈을 꼭 이룬 후에야 니시노처럼 누군가에게 꿈과 돈의 상관관계를 말해줄 수 있으리라 생각한다. 그 모든 것이 나의 삶을 통해 입증했을 때, 꿈과 인생에 관한 또 한 권의 책을 쓸 수 있을지도 모르겠다.

당신이 꿈의 길을 가고자 할 때, 당신에게 돈이 필요하다는 것은 자명한 사실이다. 그러하기에 당신이 돈을 버는 여러 가지 이유 중에 꿈을 이루기 위함이라는 요소가 하나 더 추가되기를 바란다. 비록 지금은 가고자 하는 길과 전혀 다른 먼 길에 있다 하더라도, 꿈의 길을 포기하지 않았으면 한다. 돈을 버느라 꿈의 길까지 가는 데 시간이 조금 더 걸리더라도 포기하지만 않는다면 이루어낼 수 있다. 그럼 먼 훗날 당신도 나처럼 말할 수 있게 될지도 모른다.

"꿈을 포기하지 않으려면 돈이 필요했고, 결국 그 꿈을 좇으니 돈이 따라왔다"라고. 당신 인생을 건 꿈의 모험을 시작할 수 있으면 좋겠다.

그럼에도 나에게는 꿈이 있었다

"교사 그만두고 고시원 하니까 어때? 행복해?"

가족 식사를 마치고 돌아가는 길에 형부가 물었다. '행복하냐?'라는 질문은 참으로 답변하기 어렵다. 조금 뜸을 들이다, 나는 "행복하다"라고 말했다.

"그래? 처제가 그렇게 생각하면 됐어!"

행복의 기준이 모든 인간에게 동일한 것은 아니다. 쭈그려 앉아 다른 이들이 먹다버린 지저분한 음식물 쓰레기를 버리고, 냄새나는 변기를 닦고, 한여름에 땀을 뻘뻘 흘리며 재활용 쓰레기를 분리하는 모습을 보면 누군가의 눈에는 결코 행복해보이지 않을 수 있다. 그럼에도 나는 왜 행복하다고 답했을까?

그 모든 것은 내가 스스로 선택한 것이었다. 누가 시켜서가 아닌 나의 자유의지였다. 지금은 이런 궂은일을 하지만 나에게는 앞으로 나아가고 싶은 다른 길이 있다. 그 길은 나에게 희망이다. 인간은 앞이 보이지 않는 깜깜한 터널 속에서도, 그 끝에 반드시 빛을 볼 수 있다는 희망이 있으면 그 시간을 견딜 수 있다. 오히려 현재가 고단한 이유는 앞으로 더 나아질 수 있다는 희망이 보이지 않기 때문이다.

자신이 하는 일이 허름해보이더라도 현재 내 생계를 책임져주고 있다면 그 어떤 일보다 가치 있다고 생각해야 한다. 허드렛일처럼 보이는 그 일이 나의 삶을 영위할 수 있도록 해주고 있지 않은가! 내 삶이 존재해야 나의 꿈도 존재할 수 있기 때문이다. 남들에게 보이는 내 모습이 초라하다고 느낄수록, 자신 삶의 희망이 될 수 있는 꿈을 꾸어야 한다. 꿈을 오랫동안 품으면 결국 그 꿈에 닿을 수 있어서다.

누군가가 보기에, 지금 나의 모습은 예전의 삶에 비해 초라해보일 수 있다. 하지만 나에게 고시원은 그 어떤 것보다 고마운 존재다. 나의 생계를 책임져주고, 더 많은 시간의 자유를 주었다. 직장에 묶이지 않고 나의 시간을 오롯이 쓸 수 있기에, 어느덧 그 시간은 내 꿈을 향한 준비와 공부의 시간이 되었다.

그러자 노인은 광장 한구석, 빨간 손수레를 끌고 다니는 팝콘 장수를 가리켰다.
"저 사람도 어릴 때 떠돌아다니기를 소망했지. 하지만 팝콘 손수레를 하나 사서 몇 년 동안은 돈을 버는 게 좋겠다고 결심한 모양이야. 좀 더 나이가 들면 한 달 정도 아프리카를 여행하게 되겠지. 어리석게도 사람에게는 꿈꾸는 것을 실현할 능력이 있음을 알지 못한 거야."
"저 사람은 차라리 양치기가 되는 길을 선택해야 했어요."
산티아고가 소리 높여 자신의 생각을 말했다.
"저 사람도 그 생각을 했었다네. 하지만 팝콘 장수가 양치기보다는 남 보기 근사하다고 생각한 거지. 양치기들은 별을 보며 자야 하지만 팝콘 장수는 자기 집 지붕 아래 잠들 수 있잖아. 또 사람들도 딸을 양치기보다는 팝콘 장수와 결혼시키려 하지."

〈중략〉

"결국, 자아의 신화보다는 남들이 팝콘 장수와 양치기에 대해 어떻게 생각하는지가 더 중요한 문제가 되어버린 거지."

파울로 코엘료의 《연금술사》에 나오는 양치기 소년 산티아고와 노인의 대화다. 팝콘 장수도 처음에는 세상을 여행하고 싶었다. 하지만 남들이 보기에 양치기보다는 팝콘 장수가 나을 거라 생각했다. 어느덧 팝콘을 팔다 보니 안락한 공간을 포기할 수 없어, 세상을 떠돌고 싶다는 그 마음을 가슴 한쪽에 묻어버렸다. 그렇다고 그 마음이 사라진 것은 아니다. 수십 년 세월이 지나도 한결같이 남아 있을지 모른다.

노인의 말에 의하면 팝콘 장수는 알지 못한 것이 있다.

"어리석게도, 사람에게는 꿈꾸는 것을 실현할 능력이 있음을 알지 못한 거야."

비록 현재는 팝콘을 팔고 있지만, 언제가 세상을 여행할 수 있다는 '자아의 신화'를 포기하지 않아야 했다. 그 길을 이루기 위한 노력을 해야 했다. 그러려면 이 사실을 먼저 알아야 한다. 사람에게는 누구나 꿈꾸는 것을 실현할 능력이 자신 안에 있음을 믿어야 한다는 것을 말이다.

현재 고시원을 운영하고 있지만, 나의 인생을 통해 누군가 다른 이들을 변화시키고, 그들의 삶에 성장과 발전을 줄 수 있으리라는 꿈을 포기하지 않았다. 그와 같은 강연가가 되리라는 것을 스스로 믿는다.

'보물을 찾겠다'라는 자아의 신화를 포기하려던 산티아고에게 그 길을 걸을 수 있도록 한 발짝 더 내딛게 해준 노인처럼. 자신이 바라고 원하는 삶을 살고 싶지만, 그 길을 포기하려는 이들에게 한 발 더 나아갈 수 있도록 힘을 주고 싶은 것. 그것이 내가 삶을 노래하는 강연가가 되고 싶은 이유다.

지금 나의 모습은 남들이 보기에, 교사일 때보다 훨씬 더 초라해 보일 수 있다. 그럼에도 나에게는 꿈이 있다. 내 가슴 한편에 품고 있는 나의 꿈을 실현할 수 있다는 것도 믿는다. 그 희망이 있기에 내 길을 선택한 그날부터 오늘, 이 순간까지 나는 행복하다고 답할 수 있었다.

현재 모습은 당신이 꿈꾸던 삶이 아닐 수 있다. 이미 이 길을 선택했으니 어쩔 수 없다고 생각할지 모른다. 하지만 마음 한편에 '어쩌면, 내가 꿈꾸는 것을 실현할 능력이 나에게 있을지도 모른다'라고 생각하는 순간, 포기했던 당신의 자아의 신화가 드러날 수 있다. 현재 자기 모습이 아무리 초라하고 절망적이며, 어떤 희망이 보이지 않더라도, 자아의 신화가 드러나는 순간 당신은 이렇게 되뇔 수 있다.

'그럼에도 나에게는 꿈이 있다.'

4장

꿈을 향한 여정에서 또 다른 인생을 배웠다

새로운 인생길을 선택할 때 필요한 2가지

"우리가 무언가 다른 걸 하고 싶어도, 그만두기가 쉽지 않잖아요. 어떻게 행동할 수 있었어요?"

새롭게 만난 사람들의 경우 전직 교사였던 나의 이력을 듣고 나면, 위와 같은 질문을 하기도 한다.

사실상 빈털터리 상태로 46세라는 나이에, 삶의 가치를 노래하는 강연가가 되겠다며 직장을 뛰쳐나왔다. 그 당시 나에게 용기 있다고 말해준 사람도 있지만, 대부분 내색하지 않을 뿐 무모하다거나 무책임하다고 느끼는 사람들이 더 많아보였다. 또는 어딘가 비빌 언덕이 있으니 퇴직도 할 수 있는 거라고 치부하기도 했다.

하지만 그때 나에게는 몇 개월을 버틸 돈이나, 꿈을 이룰 수 있는 확실한 인생계획이 준비되어 있던 것은 아니다. 어쩌면 그들의 말처럼 용기라기보다 무모함에 가까운 행동이었다. 다만 인생의 큰 갈림길에서 이렇듯 무모한 행동을 할 수 있었던 것은, 나에게 내재되어 있던 강한 열망과 이것 때문이었다는 것을 알게 되었다.

나의 강한 열망은 더 이상 현실에 안주하지 않고, 내 꿈을 향해가겠다는 것이었다. 열망은 소망과는 다르다. 어떤 일을 바라기만 하는 소망과는 달리 열망은 나의 인생을 걸고 평생을 걸쳐 이루어내고 싶은 확고한 인생의 목적과도 같은 것이다. 내 꿈을 향해가겠다는 나의 열망은 매우 강했고, 이미 내 안에 간절함과 절박함으로 자리 잡고 있었다.

문제는 그처럼 강한 열망이 존재하고 있었음에도 그 길을 가기 위한 행동으로 바로 옮기지는 못했다. 교직에 있을 당시, 현실과 이상 사이에서 방황만 하던 그 5년여의 시간 동안 '안 될 것 같고', '할 수 없을 것만 같다'라는 두려움에 사로잡혀, 단 한 걸음도 앞으로 내딛지 못했다.

그 긴 시간 동안 내가 행동하지 못했던 이유는, '나 자신에 대한 믿음'이 없어서였다는 것을 알았다. 이제까지 해본 적 없는 전혀 다른 길이기에, 앞으로의 삶을 잘 살아낼 수 있을지 장담할 수 없었다.

그랬던 내가 2년 전, 이전과 다른 새로운 길을 선택할 수 있었던 건, '믿음'에 대한 새로운 관점을 알게 되었기 때문이다.

나폴레온 힐(Napoleon Hill)의 《생각하라 그리고 부자가 되어라》에는 성공의 비밀 13가지가 나온다. 13가지 원칙 중 첫 번째가 열망이고 두 번째는 '자신의 능력에 대한 믿음'이다. 나폴레온 힐의 두 번째 원칙이 나에게 믿음에 관한 새로운 관점을 제시해주었다.

> **"믿음은 잠재의식이 활동하게 만든다. 다시 한번 강조하겠다. 어떤 열망이든 잠재의식에 불어넣을 수 있고, 그럼으로써 물리적 혹은 재화적 이득을 취할 수 있다. 우리가 기대하는 일 혹은 믿는 일이 실제로 일어나기 때문이다. 잠재의식은 가용할 수 있는 가장 직접적이고 실용적인 방식을 통해 물리적 등가물로 변환된다. 믿음이 명하는 일은 그게 무엇이든 실행될 것이다."**

여기에서 말하는 '자신의 능력에 대한 믿음'이란 우리가 일반적으로 생각하는 믿음과는 다른 독특한 시선이 있다. 이때 '자신에 대한 믿음은 나의 열망이 이루어낼 수 있는 것을 먼저 상상하고 믿으라'는 것이다. 즉, 아직은 이루어지지 않았지만 결국 '자신이 이루어낼 것임을 먼저 믿을 수 있는 힘'을 말한다.

그 당시, 나는 나폴레온 힐의 원칙을 따르기로 했고, 나의 경우를 결과적으로 해석해보면 이렇다.

학교를 그만두기로 마음먹은 당시, 나는 내가 실제로 학교를 그만두게 될지 몰랐다. 내 손으로 돈을 벌고 싶다고 느낀 당시, 실제로 내가 돈을 벌 수 있을지 알지 못했다. 고시원을 1개 더 확장하고 지방의 건물을 매입하기 전까지 내가 그 일들을 진짜 해낼 수 있을지 몰랐다. 그 일들을 하기로 마음먹은 순간에는 매번 두려움이 앞섰고, 하기 힘든 이유가 생기며 해낼 수 없는 커다란 여러 가지 장벽들이 내가 넘을 수 없는 한계로 다가왔기 때문이다.

그럴 때마다, 내가 이루고 싶은 것들을 이미 이루어진 것처럼 믿기 위해 노력했다. 한 템포 빨리 먼저 믿기 위해, 마치 그 일들이 이미 이루어진 것처럼 현재형으로 글을 자주 썼다. 그러면 우리의 뇌는 자신이 믿는 대로 그 일이 실현되도록 만들었다. 결국 나는 학교를 그만두었고, 직장에 묶이지 않고도 내 손으로 돈을 벌게 되었다. 고시원을 1개 더 인수했고, 지방의 건물도 매입할 수 있었다. 물론 그 과정들은 절대 쉽지 않았다. 그러하기에 이미 이루었다는 '스스로에 대한 믿음'은 그 일들을 실제 진행하고 이루어내는 데 있어 오히려 더 큰 힘을 주었다.

아직 이루어지지 않은 것을 이미 이루어진 것처럼 생각하는 것은 마치 현재에는 나를 속이는 것만 같다. 하지만 점차 시간이 흐르고 실제로 이루게 되면, 그때의 거짓은 어느덧 진실이 되었다. 또한 나의 생각에만 머물던, 내가 원하는 것들은 어느덧 현실이 되어 있었다.

하고자 하는 일을 이룰 수 있다고 나 스스로 깊이 있게 믿어야, 한 발 더 내디디며 그 일이 될 때까지 끝까지 밀고 나갈 수 있었다. 결국 믿음의 순서를 바꾼 것이다. 해내서 믿는 것이 아니라, 해낼 것을 먼저 믿기에 무엇이든 해낼 수 있는 것이다. 특히 하고자 하는 일이 크면 클수록 자신의 능력에 대한 믿음을 먼저 갖는 것이 중요했다.

얼토당토않은 이야기 같지만, 여기에는 뇌과학적인 이유가 숨어 있다. 우리의 뇌는 기대되며 실현 가능성이 있다고 믿을 때 행동하기 시작한다. 될 것 같지 않고, 방법이 없고, 확률적으로 힘들 것 같다고 생각하면 뇌는 더 이상 생각하지 않는다. 될 수 있다고, 할 수 있다고, 방법이 있을 거라고, 꼭 이루어진다고, 이미 이루었다고 믿을 때 우리의 뇌는 계속해서 생각하고 행동하게 만든다. 따라서 아직 보이지 않고, 이루어지지 않은 것을 이루어진 것처럼 믿는 힘은 중요하다. '안 될 거라는', '할 수 없다는' 스스로가 만든 자신의 한계와 두려움을 넘어서 행동하게 만들기 때문이다. 나폴레온 힐이 말한 열망과 믿음은 인간이 두려움을 극복하고, 자신의 한계를 넘어 행동할 수 있도록 만드는 생각의 방식이었던 것이다.

당신이 강한 열망까지는 아니더라도 직장에서 또는 현재 하고 있는 일에서 무언가 한 발 더 시도해야 할 때, 실패가 두려워 기회를 포기하는 경우가 있을 수 있다. 새로운 무언가에 도전할 때, 그 일을 이루기 전임에도 이미 해낸 것처럼 한번은 자신을 먼저 믿어주어야 한다. 그래야 비로소 자신 안의 두려움을 이기고 그 일에 도전할 마음을 가질 수 있다. 자신에 대한 믿음이 좋은 결과로 돌아오고, 그 행동으로 얻은 성취감은 다음 단계, 그다음 단계를 시도하고 도전하게 만들 수 있다.

인생에서 행동하지 않으면 결과는 달라지지 않는다. 당신이 돈을 벌고 싶은 열망이 있든, 직장 안에서 새로운 프로젝트로 좋은 기회를 얻고자 하는 열망이 있든, 당신은 당신이 품은 열망이 반드시 이루어질 수 있음을 먼저 믿어야 한다. 간절하고 절박한 열망과 이루어낼 수 있다는 자신의 능력에 대한 믿음은 스스로 두려움을 극복하고 자신이 만든 한계를 뛰어넘어 행동할 수 있게 만들어주기 때문이다. 자신의 두려움과 한계를 뛰어넘은 행동만이 당신이 원하는 것을 가져다줄 수 있다. 당신이 이제까지와 전혀 다른 인생의 길을 가고자 한다면, 그 길에 대한 확고한 열망과 그 열망을 이룰 수 있다는 자신에 대한 믿음만이 새로운 선택을 할 수 있는 용기를 선사해줄 것이다.

부자가 되려는 것은 칭찬받을 만한가요?

"원장님, 이번에 대출 얼마나 받으셨어요?"

"사업자 대출로 받으신 거예요?"

직장을 다닐 때와 고시원 창업 후 내 삶에서 가장 많이 달라진 점은 돈에 대한 마인드였다. 특히 학교는 아이들의 교육이라는 특수성이 있어 교사들에게 '돈'은 금기어 못지 않다. 그러다 보니 20년을 학교에서 근무하며, 나는 선생님들과 돈 이야기를 해본 적이 거의 없다. 주로 학생들의 생활지도와 교과수업, 업무적인 부분을 이야기할 뿐, 연금에 대한 내용조차 나눠본 적이 없었다. 월급은 호봉제이니 연봉협상도 없고, 별다른 인센티브가 주어지는 것도 아니니, 돈에 대해 생각할 것도 이야기할 것도 전무했다. 물론 모든 선생님이 다 그런 것은 아니다. 주식이나 부동산에 관심을 가지고 투자하는 분들도 있다. 다만 나는 주식도 하지 않았고, 아파트와 같은 부동산 투자도 하지 않았기에, 돈과 거리가 멀었을 뿐이다. 그 시절 나에게 돈은 월급이 다인 셈이었다.

직장을 그만둔 40대 중반까지도 돈을 밝히면 안 된다는 생각이 강했다. 돈을 좇는 것은 옳지 못한 것으로 생각했기에, 돈에 대한 이야기는 무언가 불편했다. 누군가 돈을 벌면 다른 누군가는 돈을 잃어야 하는 제로섬 게임인가 싶기도 했다. 그러다 보니 돈을 밝히는 것은 욕심 많고 이기적인 사람으로 남들에게 비칠까 봐 그 부분도 조심스러웠다.

생각해보면, 어릴 때부터 어른이 되어서도 주위에서 이런 말을 자주 들었다. "돈을 아껴 써야 한다", "저축해야 한다", "빚을 지면 안 된다", "돈에 욕심내지 말아라", "주식 잘못하면 한 방에 망한다", "사업이나 투자는 함부로 하는 게 아니다", "지금 주어진 것에 만족하고 감사하며 살아라" 이 말들은 알게 모르게 나의 무의식에서 돈에 대한 부정적인 감정을 만들었다. 돈이 많으면 좋겠다고 생각하면서도 돈을 떠올리면 무서운 마음이 들었다. 그러다 보면 '현재에 만족하고 감사하자, 욕심부리면 안 돼'로 끝나고는 했다.

그런데 고시원 창업을 하고 사업장을 늘려가다 보니 언제나 투자금 확보가 중요했다. 그러다 보면 대출을 받기 위해 노력해야 했다. 자본금이 없는 상황에서 창업하다 보니 대출을 받을 수밖에 없었고, 자연스럽게 대출 레버리지를 이용하는 방법을 습득하게 되었다. 대출뿐만 아니라, 매출이 얼마고, 매입은 어떻게 잡고, 순익과 수익률에 대한 이야기를 하는 것이 자연스러워졌다. 오히려 고시원 원장님들과는 돈에 관한 대화가 주를 이뤘다. 사업장을 운영하고 확장하기 위해서는 항상 돈이 필요했기 때문이다. 직장과는 다른 위치에 있다 보니 돈에 대한 생각이 바뀌기 시작했다.

교사는 겸직이 되지 않기에 월급 안에서 돈을 아껴 쓰기 위한 노력을 해야 했지만, 겸직이 가능한 지금은 돈을 더 많이 벌 수 있는 구조를 만들기 위해 노력하게 되었다. 저축 이자보다 창업을 통한 수익이 더 크기에 은행에 돈을 넣기보다, 그 돈으로 사업장을 하나 더 늘리는 게 좋을 수 있었다. 대출을 많이 받는 것이 위험하기도 하지만 원금이 손실되지 않고 대출 이자를 상쇄하고도 수익이 남는다면, 대출을 이용해 사업장을 하나 더 인수하는 것이 나았다.

어릴 때부터 주변에서 들어왔던 돈에 관한 이야기는 직장인 시절에는 일부 맞는 말이었지만, 내가 어떤 업을 갖느냐에 따라 돈에 대한 관점이 전혀 다를 수 있음을 경험했다. 그와 같은 경험을 통해 다른 관점으로 돈을 바라보게 되었지만, 나의 무의식 속의 돈에 대한 부정적인 감정까지 없애는 것은 쉽지 않았다. 그런 나에게 매우 큰 깨달음을 준 월러스 워틀스(Wallace D. Wattles)의 《불멸의 지혜》에는 이런 내용이 나온다.

> "내가 부유하지 않으면 행복을 구성하는 여러 조건에 필요한 것들을 갖거나 경험할 기회조차 없기 때문이지요. 돈이 충분하지 않으면 가진 재능을 더 크게 갈고닦을 기회도 가질 수 없습니다. 지적인 소양이나 정신적 교양도 개인이 얻을 수 있는 최고 수준까지 오를 수 없습니다."

> "지적인 교감이나 재능을 계발하려면 필요한 물건이나 경험이 많아야 하는데, 이런 것들을 누려볼 돈이 없으니 가질 수도, 느껴볼 수도 없기 때문이지요. 물건을 사용하는 과정에서 인간의 정신, 영혼, 육체가 발달합니다. 사회는 돈이 있어야 무엇이든 가질 수 있게 조직되어 있고, 그 무엇으로도 이것은 바뀌지 않습니다. 따라서 인간이 훌륭한 재능을 얻고 개발하려면 필요한 물건, 기회, 장소, 경험이 있어야 한다는 기정사실입니다."

내가 꿈을 포기하지 않기 위해 돈이 필요했던 이유를 이 책에서 찾을 수 있었다. 돈은 생계를 위해서만 필요한 것이 아니었다. 인생의 성공은 '스스로 되고 싶은 사람이 되는 것'이기에, 그 길을 가기 위한 기회와 경험, 시간을 누리려면 돈이 필요했다.

나는 그동안 돈이란 것을 1차원적으로만 생각했다는 걸 깨달았다. 예전 모습의 나에게 돈이란, 탐욕스럽고 남들에게 자기과시를 위한 소비에 필요한 것이라는 생각이 강했다.

그렇게 돈을 단편적으로만 바라보던 나에게 《불멸의 지혜》에서 워틀스는 돈은 그 이상의 의미라고 말하고 있다.

> **"자연의 목적은 발전과 진보에 있습니다. 모든 사람은 힘을 기르는 데 도움이 되는 것, 우아함, 아름다움, 풍족한 생활을 하는 데 도움이 되는 것은 모두 가질 권리와 의무가 있습니다."**

우리의 삶이 먹고 사는 데에만 초점이 맞춰지면, 스스로 발전과 진보를 위한 기회와 경험을 가질 수 없는 터였다. 인간은 자신의 재능을 계발하고, 더욱더 나은 삶을 살아갈 권리와 의무를 지닌다. 그와 같은 기회와 경험, 물건, 배움을 위한 과정에서 돈은 필수 불가결하다.

좋은 음식을 먹고, 따뜻한 보금자리를 갖고, 더 아름다운 것을 보고, 과도한 노동에서 벗어나 육체가 편안해지고, 지적인 소양과 정신적인 교양으로 삶을 풍요롭게 만들기 위한 인간의 추구는 자연의 발전과 진보의 목적에 부합하는 것이다. 이를 이루기 위해 우리에게 돈이 필요한 것 또한 자명한 사실이다. 결국 돈은 목적을 이루기 위한 수단일 뿐 그 이상도 이하도 아니다. 각자 자신만의 삶의 가치관에 따라 돈의 쓰임새가 달라질 뿐, 돈 자체가 나쁜 것은 아니었다. 돈을 더 많이 벌기 위한 노력도 나쁜 것이 아니다. 나의 꿈을 이루기 위한 길에 필요한 것이라면 더더욱 그렇다.

더 많은 돈을 벌기를 바라면서도 돈에 대한 이야기가 당신을 불편하게 한다면, 당신 무의식 속의 돈에 대한 감정이 부정적인지 확인해야 한다. 돈의 쓰임새가 탐욕스러운 느낌으로 남아 있어, 스스로가 돈을 멀리하고 있다면 당신은 돈을 벌기 어렵다. 주변 환경으로부터 알게 모르게 돈에 대한 부정적인 느낌을 무의식적으로 받아들였을 수 있다. 돈 자체는 아무런 감정이 없다. 돈을 사용하고자 하는 사람에 의해 결정되는 도구일 뿐이다. 돈에 대한 부정적인 감정을 버리고, 자신의 삶에 유익함을 줄 수 있다고 생각해야 한다.

그러하기에 당신은 돈을 사용하는 주체로서 더 많은 돈을 벌기 위해 노력해야 한다. 자연의 목적과 마찬가지로 인간의 목적 또한 자신의 인생을 걸쳐 성장하고 발전하는 데 있기 때문이다. 아무리 재능이 뛰어나다 하더라도 갈고 닦을 수 없다면, 자신의 능력을 펼치는 데 한계가 있다. 하물며 자신의 재능이 뛰어나지 않다면, 당신이 가고자 하는 길에서 꾸준히 배우고 익힐 수 있는 더 많은 시간과 경험, 기회 등이 필요하다. 현재의 사회 시스템에서 이 모든 것을 가능하게 해주는 것은 돈이다. 간절하게 당신이 가고자 하는 길이 있다면, 당신은 더 많은 돈을 벌어 자신 인생의 성장과 발전을 위한 도구로 사용해야 한다.

이와 같은 의미에서 월러스의 말을 빌려 전하자면, 당신이 부자가 되려는 것은 완전히 칭찬받을 만하며 당연하고 옳은 행동이다.

정성스럽게 되면 겉에 배어나오고

교사 재직 시절, 교과 수업에 들어갔다가 학급 뒤편에 붙어 있던 글귀를 봤다. 영화 〈역린〉에 나왔던 '중용 23장'을 인용한 대사라는 것을 알게 되었다. 그 반 담임선생님께서 붙여놓은 글이었는데, 꽤 인상 깊었다.

"작은 일도 무시하지 않고 최선을 다해야 한다. 작은 일에도 최선을 다하면 정성스럽게 된다. 정성스럽게 되면 겉에 배어나오고, 겉에 배어나오면 겉으로 드러나고, 겉으로 드러나면 이내 밝아지고, 밝아지면 남을 감동시키고, 남을 감동시키면 이내 변화하게 되고, 변하면 생육된다. 그러니 오직 세상에서 지극히 정성을 다하는 사람만이 나와 세상을 변하게 할 수 있는 것이다."

온실과 같은 학교를 떠나 야생과 같은 세상으로 나와보니 앞의 구절이 더욱 가슴 깊이 다가왔다. 학교에서 근무할 당시 나는 매 수업에 정성을 다했지만, 수업의 질이 보수와 연결된 것은 아니었다. 내가 받는 보수는 해마다 정해져 있었고 같은 호봉의 선생님들과는 같은 액수를 받았다. 하지만 돈을 떠나, 내가 좋아하는 일이든 어쩔 수 없이 해야만 하는 일이든 언제나 나에게 주어진 모든 것에 정성을 다했다. 어느덧 작은 일을 함에 있어 정성을 다하는 태도가 배었고, 세상 밖으로 나와보니 돈, 사람, 기회 그 모든 것이 나의 태도와 연결된다는 것을 알았다.

입실 문의를 받거나, 민원에 대해 답변할 때, 전화 한 통, 문자 메시지 한 통의 답변에도 정성을 다한다. 그 안에 쓰는 말들도 최대한 상대를 배려하며 내용을 쓰기 위해 노력했다. 가끔 힘이 들어보이는 입실자에게 커피 쿠폰을 보내기도 한다. 그런 나의 행동에 상대는 자신이 주는 것 이상을 받았다는 감정을 갖기도 했다. 전혀 생각지 못한 순간 자신을 위한 마음이 전해지는 의외성에 감동을 받기도 한다. 그러다 보면 다른 친구를 소개해주고, 마음에서 우러나오는 진심 어린 리뷰를 달아준다. 입소문과 리뷰를 보고 또 다른 입실자들이 우리 고시원을 찾게 된다.

나의 경우에도 몇 번의 감동을 한 순간이 있다. 지방에 있는 건물

매수 후, 인테리어와 수리를 해야 하는 경우가 종종 있다. 다만 건물이 다른 지역에 있다 보니 멀어서 자주 가지 못한다. 어느 날 인테리어 사장님에게서 사진과 함께 카톡이 왔다. 그 지역에 비가 엄청 많이 왔는데 옥상 배수로가 막힐까 봐 건물의 옥상을 점검해주신 거였다. 나는 그날 그 지역에 비가 왔는지도 몰랐다. 왜냐하면 내가 있는 곳에는 비가 오지 않았기 때문이다. 인테리어 사장님께 요청을 드린 것도 아닌데, 직접 가서 물이 잘 빠지도록 배수로에 쌓인 나뭇잎과 이물질을 치워주셨다.

그 외에도 가끔 생각지도 못한 순간에 방문하셔서 이것저것 챙겨주신다. 봐달라고 부탁한 것도 아닌데, 점검도 해주고 고쳐주신 걸 알게 되면 그렇게 감사할 수가 없다. 자신의 시간을 내고 에너지를 쓰신 걸 생각하면 상대의 마음에 감동하게 된다. "힘드신데 뭘 또 봐주셨어요?"라고 물으면 이렇게 답한다.

"근처에 공사하는 데가 있어서, 가는 길에 들려서 괜찮습니다."

그러다 보면 작은 수리든, 큰 인테리어 공사든 일이 생기면 사장님이 제일 먼저 생각나고 자연스레 일을 맡기게 된다. 그와 같은 일이 어떻게 가능할까? 월러스 워틀스의 《불멸의 지혜》에는 이런 글이 나온다.

“당신과 거래하는 모든 사람을 발전시킨다는 마음으로, 양쪽 모두에게 이익이 되는 거래를 하십시오. 다만 상대에게 가치 있는 것을 주겠다는 마음을 가지십시오. 사업과 관계없는 친구나 지인에게도 그가 이로워지기를 바라는 마음을 전하십시오. 나로 인해 자신이 더 발전하거나 풍요로워진다는 생각을 갖도록 해주십시오.”

“누군가에게 깊은 인상을 심어주고 나와 관계를 맺음으로 자신 역시 이익을 얻을 수 있다고 느끼도록 해야 합니다. 이것은 주고받는 현금이나 내가 준 현금 가치보다 더 큰 가치를 제공할 때 가능합니다. 이렇게 하면서 정직한 자긍심을 갖고, 모두가 이런 나를 알 수 있게 하면 됩니다. 그러면 고객이 끊이지 않을 것입니다.”

직장에 근무하던 시절, 나의 월급은 국가에서 주는 것이라 알고 있었기에, 돈이 어디에서 오는가를 깊이 생각해본 적이 없다. 재직 당시 나에게는 월급이라는 하나의 통로로만 돈이 들어왔다. 세상에 나와보니 돈은 한 길이 아닌 여러 다양한 통로로 벌 수 있었다. 다양한 통로로 들어오긴 했지만, ‘과연 그 돈은 어디에서 왔을까’를 생각해보면 결국 사람에게서 나온다는 것을 알았다. 내가 그들의 돈을 강제로 뺏거나 훔친 것이 아니니, 그들이 자발적으로 나에게 돈을 내어준 셈이다.

결국 돈을 번다는 것은 누군가가 나에게 돈을 내어준다는 의미다. 그렇다면 '사람들은 언제 흔쾌히 자신의 주머니에서 돈을 꺼내어 상대에게 줄까?' 월러스의 말처럼 자신이 준 현금 가치보다 더 큰 가치를 받았다고 생각할 때다. 즉 그것은 상대의 마음을 움직여야 가능하다. 생각지도 못한 챙김을 받았을 때, 나를 위한다는 마음을 느꼈을 때, 무언가 어려운 문제를 해결할 수 있도록 도움을 받을 때, 편의를 제공받았을 때, 좋은 물건이나 서비스를 받았을 때, 힐링이 되고 즐겁고 행복을 느낄 수 있을 때.

사람들은 자신이 무언가를 받았다고 느끼면 기꺼이 자신의 것을 더 내놓기도 한다. 우리는 흔히 내가 받은 것보다 더 주게 될 때, 손해를 봤다고 생각할 수 있다. 하지만 조금 더 차원을 높여 바라보면, 내가 만나는 모든 이들을 이롭게 하고 가치 있게 하는 방향으로 정성을 쏟으면, 그 모습에 감동한 이들로부터 더 큰 기회가 찾아오기도 하고 돈이 따라오기도 한다.

당신이 몇십 년간 직장에서만 생활하다가 돈을 벌 생각에 다른 길을 선택했다면, 당신은 사람의 마음을 움직일 수 있어야 한다. 돈과 기회, 관계, 행복 그 모든 것은 결국 사람을 통해 나에게 오기 때문이다. 상대를 감동시킬 수 있는 방법은 당신에게 주어진 그 어떤 일이든 정성을 다하는 것이다. 우리에게 주어진 일에 사람과 관련 없는 일은 없기 때문이다.

아무리 작은 일이라도, 현재 내가 하고 싶은 일이 아니더라도 자신에게 주어진 일에 정성을 다하다 보면 겉으로 배어나와 드러나게 된다. 드러나게 되면 누군가의 눈에 띄어 기회를 얻거나, 그 일의 부족한 부분을 알게 되어 새로운 것을 만들며 또 다른 기회를 잡을 수 있다. 더욱이 그 행동이 누군가와의 경쟁이 아닌 자신만의 것을 새롭게 창출해서 세상에 더욱더 큰 가치를 주었다면 더 많은 돈을 벌게 될 수도 있다.

그 모든 기본은 아주 작은 것에서 시작한다. 당신에게 주어진 모든 일에 최선을 다하며 정성을 들이는 것이다. 정성을 들이는 태도는 남을 감동시키며, 남을 감동시키면 이내 당신과 당신의 세상을 변하게 할 수 있다.

보다 빨리 실행하는 방법

"1년 조금 넘은 시간인데 고시원도 2개나 하고, 정말 실행력이 좋으신 것 같아요."

이미 고시원을 하고 계신 원장님들이나 앞으로 고시원을 운영하고자 하는 예비 원장님들을 만나면 이런 말을 자주 듣는다. 하지만 내가 정말 실행력이 좋은 편일까 하고 생각해보면 사실상 그렇지 않다. 빠른 행동보다 생각이 더 많은 편이라 새로운 일을 할 때 주저하는 부분이 많기 때문이다. 그럼에도 퇴직 후 1년 조금 넘은 짧은 시간에 여러 차례 실행할 수 있었던 것에는 몇 가지 이유가 있다. 그중의 가장 중요한 부분은 내가 하려고 하는 일을 먼저 해본 사람 곁에 나를 두었기 때문이라고 생각한다.

인간은 해보지 않은 것을 실행하려 할 때, 두려움을 느낄 수밖에 없다. 그러하기에 혼자서는 시도할 생각을 잘하지 못한다. 사실상 전혀 모르는 낯선 일을, 더욱이 거액의 자본금을 투자해야 하는 일을 혼자 수행한다는 것은 어렵기 때문이다. 나 역시 그랬다.

하지만 같은 목표를 가진 사람들이 모여있는 집단에서는 조금 더 행동에 대한 두려움을 줄여나갈 수 있었다. 나보다 빨리 행동한 사람들을 보며, 그들을 통해 자극도 받고 행동해야 하는 동기부여가 되기도 했다.

더욱이 이 길을 먼저 간 사람의 시행착오와 주의해야 할 점들을 배우며, 미리 알고 접근하는 것은 큰 도움이 된다. 처음 해보는 것이기에 잘 모르면 큰 액수의 돈을 손해 보거나 시간이 오래 걸릴 수 있기 때문이다. 그러하기에 먼저 실행해 본 사람에게서 다양한 지식과 노하우를 배우며 간접경험을 해보는 것은 나의 시간과 투자 비용, 시행착오를 줄일 수 있다. 처음에는 생소하고 어색한 분야이더라도 다른 이들이 하는 것을 자꾸 지켜보면 어느덧 익숙해지고, 그러다 보면 '나도 할 수 있겠다'와 같은 마음의 준비가 되기도 한다. 즉, 내가 가고자 하는 방향의 사람들이 모여 있는 환경에 나를 놓아두어 함께 움직이는 시스템을 만드는 것이다. 이 방법이 무엇인가를 실행하고자 할 때 가장 빠른 길이지 않을까 싶다.

우리는 새로운 일을 하고자 할 때, 그 일을 해본 사람보다 우리 주변의 누군가에게 조언을 얻으려 할 때가 많다. 왜냐하면 그 일을 성공적으로 해본 사람은 나의 주위에 없기에, 내 주변에서 쉽게 찾을 수 있는 사람에게 묻게 되는 것이다. 하지만 그들은 그 일을 하면 안 되는 이유만을 늘어놓을지 모른다. 그들 역시 그 일을 해보지 않았으면서도 그 길을 막는 건, 당신이 걱정되기 때문이라고 말할 수 있다. 무언가 새롭게 해보고자 하는 당신의 의욕은 꺾이고, 더 많은 두려움과 불안이 생기게 된다. "역시, 안 되는 거였어. 어렵겠다"라고 생각하면서.

당신이 하고자 하는 일을 이미 성공적으로 해본 사람을 찾아 그 사람의 이야기를 들어야 한다. 혼자 생각만 하고 계획하고 주변에서 해보지도 않은 사람들의 이야기를 듣는 데에만 시간을 쓰다 보면 어느덧 의지가 꺾이기 마련이다. 할 수 있는 것보다 할 수 없는 이유가 더 많아지게 되어서다. 고민하고 생각만 하기보다는 당신이 하고자 하는 일을 이미 성공적으로 이루어낸 사람을 찾아 그들의 시스템에 합류하는 것이 가장 빠른 실행을 돕는 방법이다. 수업료를 내야 하는 강의가 되었든, 주변에 그 일을 성공적으로 해낸 멘토가 되었든 일단 해본 사람에게 가서 배우고 익히는 것이 무엇보다 중요함을 다시 한 번 강조하고 싶다. 충분히 어느 정도 지식과 노하우의 간접경험이 쌓이고 해볼 만하다는 판단이 서게 되면 행동할 수 있기 때문이다.

따라서 당신의 행동을 이끌어줄 멘토나, 같은 목표를 향해 나아갈 수 있는 집단의 동료들이 있다면 불안과 두려움을 조금 더 이겨내고 서서히 실행해나갈 수 있다. 특히 한 번도 가본 적 없는 새로운 길을 가고자 한다면 당신의 행동을 이끌어줄 조력 집단이 있으면 좋다.

앞서 말했듯 실행에 있어 가장 빠른 길은 내가 하고자 하는 일을 할 수 있도록 그 환경에 나를 노출시키는 것이다. 이처럼 환경에 노출시키는 것에는 책과 영상을 끊임없이 보는 것도 하나의 방법이 될 수 있다. 다양한 분야에서 다른 이들이 직접 해보고 겪은 시행착오와 노하우들이 책이나 영상에도 많이 있기 때문이다.

이처럼 책이나 영상 등 다양한 방법으로 환경에 자신을 노출시켜야 하는 데는 이유가 있다. 우리의 뇌는 무언가 행동하고자 함에 있어 여러 번의 시뮬레이션을 해주다 보면 무의식 속에서 그 일을 자연스럽게 받아들이며 할 수 있다고 느끼게 되기 때문이다. 즉 학습의 빈도수를 늘려주는 것이다. 여러 번 듣고, 배우고 익히다 보면 그 행동에 대한 스스로 마음의 진입 장벽이 낮아지게 된다. 이는 자청의 《역행자》에서도 행동하기 위한 환경설정의 중요성이 나온다.

"이게 정체성 변화의 핵심 비결이다. 즉, 뭔가를 더 잘하고 싶으면 결심을 할 게 아니라 환경부터 만드는 것이다. 자동

으로 움직일 수밖에 없도록 세팅을 하면 나는 저절로 열심히 살게 된다. 자유의지니 노력이니 진정성이니 따위의 듣기 좋고 허망한 것들을 믿는 대신, 나를 훈련시킬 운동장을 만들어 스스로를 밀어넣는 게 핵심이다."

'~해봐야지' 하며 결심만 하기보다는 그 행동을 할 수밖에 없는 환경으로 자신을 밀어 넣으라는 말이다. 그러다 보면 어느새 젖어 들듯이 할 수 있다는 마음이 들기도 한다. 나도 사실상 고시원 창업 강의를 비롯해 빠르게 행동하고자 할 때는 오프라인으로 진행하는 다양한 강의를 듣거나 관련 동영상이나 책을 사서 보기도 했다. 물론 강의나 영상을 선택할 시에 주의를 기울일 부분이 있다. 그 분야에 많은 경험을 통해 전문성을 가지고 수업할 수 있어야 하기에 강사의 자질은 고려해야 할 중요한 부분이다.

하고자 하는 일에 대한 강의를 듣고 멘토도 찾아가며 알아가는 과정 속에, 앞에서 말했듯 자신의 강한 열망과 스스로에 대한 믿음이 함께 할 때 더욱 빠르게 실행할 수 있었다.

당신은 자신이 원하는 길을 가고 싶기에 더 많은 돈을 벌고 싶을 수 있다. 하지만 돈을 버는 방법을 모를 수 있다. 그러면 성공적으로 돈을 많이 번 사람들의 이야기를 들어야 한다. 그것이 강의가 되었든, 돈을 버는 방법이나 성공학에 관한 책이 되었든, 수천억 자산가의 인터뷰 영상이 되었든, 그들이 한 방식을 익히며 따라가야 한다.

당신이 원하는 것을 얻기 위한 행동을 하기 위해서는 그와 같은 환경에 자신을 노출시키며 끊임없이 배워야 한다. 제대로 된 방향으로의 배움이 차고 넘치며 그들의 방식을 따를 때, 비로소 당신은 실행력을 갖출 수 있다. 그와 같은 실행력은 당신이 원하는 것을 얻을 수 있도록 해줄 것이다.

당신이 에네르게이아적 인생을 살아간다면

'차에 기름을 넣을 수 있어서 감사합니다.'

'카드값을 낼 수 있어서 감사합니다.'

어느 순간 이런 말을 자주 되뇌게 되었다. 월급을 받던 시절에는 잘 하지 않던 생각이다. 물론 직장인 시절에도 감사의 마음을 가지려 노력했지만, 그때의 감사는 뭐랄까, 형식적이고 의무적인 느낌이 강했다. 진정으로 가슴에서 우러나오는 감사가 아닌 무미건조한 머릿속 감사 같은 거였다.

안정적인 월급이 나오던 학교를 그만두고, 고시원을 하며 수입의 유동성을 겪었다. 몇 개월간 적자가 나서 월세 낼 돈이 없어 누구에게 빌려야 하나, 주변 사람들을 떠올릴 때도 있었다. 아마도 그때부터였던 것 같다.

고시원 초기, 3개월 정도를 적자로 살다 보니, 그 이후 관리비와 카드값을 낼 수 있다는 것이 그렇게 고마웠다. 내 차에 기름을 넣어 편하게 다닐 수 있음이, 한 끼 맛난 밥과 커피를 사 먹을 수 있는 돈이 있음이 그렇게 고마울 수가 없었다. 그 후부터 진정 가슴에서 우러나오는 진짜 감사의 느낌이 들기 시작했다.

어딘가에 돈을 쓸 때도 내 손으로 돈을 벌어, 이렇게 쓸 수 있음에 감사했다. 내가 쓴 이 돈이 다른 누군가에게 흘러가 그들의 생계뿐 아니라 여유롭고 행복한 시간에 쓰일 수 있음에 그 또한 감사했다.

직장인 생활할 때와 창업 후 가장 크게 달라진 점은 감사를 느끼는 깊이였다. 이 경험은 정말 색달랐다. 분명 예전에도 감사가 없던 것은 아니다. 한데 지금의 감사는 가슴이 벅차오르게 느껴질 때가 많았다. 이 정도의 감사를 느끼면 세상이 아름답고 행복해보인다는 것도 알았다. 더욱이 감사하면 할수록, 점점 강도도 세지고 더 자주 느끼게 된다는 사실도 알게 되었다.

일상생활뿐만 아니라, 내가 좋아하는 곳에서 너무나 아름다운 음악을 들을 때, 책 한 구절이 내 가슴을 깊게 울리며 감동을 받을 때,

그런 순간에도 감사의 마음이 들었다. 그러고 나면 행복하다는 느낌이었다. 그 순간만큼은 돈이 많은지, 적은지가 중요하지 않았다. 가슴이 벅차오를 만큼의 깊은 감사는 진정 나를 행복하게 했다.

"치유물질이라는 측면이 있는 엔도르핀은, 과도한 스트레스 상태일 때는 그것을 완화 시키기 위해서 분비된다. 반대로 마음이 평온한 이완 상태에서도 분비된다. 정반대의 상황에서 둘 다 분비된다는 게 좀 의아하겠지만 목적은 동일하다. 엔도르핀은 행복감을 안겨준다."

"뇌과학적으로 말하자면, 남에게 감사할 때 엔도르핀이 분비되기 때문이다. 누군가에게 감사를 전하거나 감사의 말을 들을 때, 사람은 행복해진다."

가바사와 시온(樺澤 紫苑)의 《당신의 뇌는 최적화를 원한다》 책에 보면, 뇌과학적으로 인간은 누군가에게 감사를 전하거나 감사의 말을 들을 때, 사람은 행복해진다고 한다. 그동안 나는 남이 아닌, 나 자신에게 깊은 감사를 건넸던 것이다. 그리고 나 자신이 전한 그 깊은 감사의 말을 자주 듣다 보니 어느새 행복해졌다는 것을 알았다.

스트레스를 받았을 때 감사의 마음을 의도적으로라도 가지면, 어느 정도 마음이 편안해진다는 것도 경험적으로 알게 되었다. 삶을 살아가다 보면 아무리 남과 다른 나만의 길을 간다고 해도 초조해지고 불안해질 수밖에 없다. 이대로 해도 되는 건지. 부족한 것은 아닌지. 무언가 좀 더 몰입해야 하는 건지. 어느 세월에 다 이룰 수 있을지. 남이 뭐라는 것도 아닌데, 나의 속도가 너무 더뎌 뒤처지는 것은 아닌가 싶은 생각이 들면 마음이 무거워진다.

특히 어느 정도 자신의 일에서 성취감을 맛본 사람일수록, 그다음의 더 큰 역치의 보상으로 행복을 느끼고 싶기에 도파민 호르몬의 분비가 강해질 수밖에 없다. 그로 인해 다음 단계로 빠르게 가지 못하면 도파민의 행복을 느끼지 못해, 마음이 괴롭고 무기력해지기까지 한다. 그와 같은 과도한 스트레스 상태를 완화시킬 때 우리 몸에서는 엔도르핀이 필요하다.

스트레스로부터 몸과 마음을 지켜주는 치유물질인 엔도르핀은 누군가에게 감사를 전하거나 감사의 말을 들을 때 분비된다. 감사는 엔도르핀을 분비시키고, 엔도르핀은 사람을 행복하게 만든다고 정신과 의사 가바사와는 말하고 있다. 결국 감사의 마음이 사람을 행복하게 만드는 것이다.

"목적지가 존재하지 않는 인생이 어디 있단 말입니까! 그런

흔들리는 바람에 내맡기듯 살아가는 인생을 누가 인정해줍니까!"

"자네가 말하는 목적지에 도달하려는 인생은 '키네시스(Kinesis)적 인생'이라고 할 수 있네. 그에 반해 내가 말하는 춤을 추는 인생은 '에네르게이아(Energeia)적 인생'이라고 할 수 있을 걸세."

기시미 이치로(岸見 一郞)의 《미움받을 용기》에 나오는 청년과 철학자의 대화다. 여기에서 철학자는 목적지에 도달하려는 삶인 키네시스적 인생이 아닌, 지금 하고 있는 과정 자체를 결과로 보는 에네르게이아적 인생을 살아가라고 말한다.

더 나은 삶을 향해가려는 인생의 여정에서 최고의 행복 호르몬인 도파민의 도움을 받아, 당신은 다음 단계, 그다음 단계의 목표로 향해갈 수 있다. 그 목표에 닿을 때까지 자신을 채찍질하며, 목적지에 도달하려는 과정에서 치열하게 살아갈 수 있다. 목적지에 도달하지 못하면 지금까지의 삶은 아무 의미가 없다고 해석할 수 있다. 이와 같은 삶을 산다면 당신은 키네시스적 삶을 살아가는 것이다. 목표에 도달하지 못하거나, 도달하기 전까지 당신 삶의 과정은 아무런 가치를 지니지 못한다. 더욱이 치열하게 목표에 도달했더라도, 달성했다는 기쁨도 잠시, 당신 눈에는 바로 다음 목표가 보일 것이다. 끊임없이 그다음, 그다음의 길을 향해가는 과정에서 순간의 행복을 느끼지 못한다면, 당신의 삶은 피폐할지 모른다.

어쩌면 우리는 철학자의 말대로 에네르게이아적 인생을 살아야 한다. 당신이 목표를 향해가는 과정 자체가 그 순간의 결과가 되는 가치를 지니려면 당신은 엔도르핀을 이용해야 한다. 목적지를 향해 쫓기듯 향하는 자신에게, 여기까지 올 수 있었음을 감사해야 한다. 현재 당신에게 주어진 상황에서 찾을 수 있는 모든 감사를 자신에게 전해야 한다. 가슴이 벅차오를 정도의 깊은 감사와 감동은 비록 아직 목적지에 도달하지 못했더라도, 그 길을 향해가고 있는 과정 자체만으로 의미를 지니며 당신을 행복하게 해줄 것이다. 목표로 가는 삶의 여정이 조금만 더 행복하기를. 당신이 살아가는 그 순간, 순간의 모든 과정이 결과의 의미를 지니는 에네르게이아적 인생을 살아가길 바란다.

진정 나로서 살아 숨 쉴 수 있기를

나는 불가능해보일 정도의 원대한 꿈을 품었다. 원대하면 원대할수록 그 꿈까지 가는 길은 너무나 멀어, 쉽게 보이지 않는다. 눈앞에 보이는 정도의 목표는 이룰 수 있겠지만, 멀리 있는 꿈은 눈에 보이지 않기에 닿을 수 없을 것만 같다.

많은 사람에게 꿈과 행복의 여러 가치와 인생의 법칙을 들려주고 싶지만, 사실상 그 길은 너무나 멀게 느껴지기도 한다. 누가 내 이야기를 듣고 싶어 할지, 그 길을 어떻게 만들어가야 할지 알 수 없기에 마치 깜깜한 길을 가고 있는 듯한 느낌이다.

그와 같은 마음이 들 때면, 나는 나에게 이런 이야기를 들려준다. 칠흑같이 깜깜한 밤, 시골집의 외딴 골목길에서 나와 아주 멀리 있는 목적지까지 가려 할 때, 내 눈앞에 목적지가 보여서 출발하는 것은 아니다. 약 100m 정도의 시야를 확보할 수 있는 자동차의 헤드라이트에 의존해 차는 출발한다. 주변에 가로수 불빛조차 없는 아주 깜깜한 곳이더라도 헤드라이트 앞에 보이는 100m를 바라보며 길을 가게 된다. 그렇게 가다 보면, 그 앞의 100m가 보이고, 다시 그 앞의 100m가 보이고 또다시 그 앞의 100m가 보인다. 그렇게 조금씩 앞이 보이는 만큼 끊임없이 가다 보면 어느새 목적지에 도달하기도 한다.

현재의 자리에서 목적지가 보이지 않는다며, 그대로 멈춰버리면 다음 길은 영영 보이지 않는다. 100m를 나아가봐야 그다음 100m가 보일 수 있기에, 꿈의 길도 끊임없이 가다 보면 새로운 길이 보일 것이라 믿어야 한다. 현재 나의 인생길도 그러한 과정이라고 나 자신에게 말해준다.

여행과 같은 인생의 여정에서 때로는 큰 장애물을 만나기도 했다. 사실상 강연가의 길을 선택하고 직장을 나올 당시, 책을 먼저 출간하려 했다. 삶에서 배우고 깨달은 것들을 책을 통해 알리고 싶었다. 하지만 생계를 대체할 수단도 없이 퇴직금을 까먹으면서, 글을 쓰며 강연가의 길을 간다는 것은 쉽지 않아 보였다. 얼마나 오래 버티어야 할지 알 수 없는 상황에서 생계마저 위협될 수 있다는 불안감이 나를 잠식할 경우, 꿈을 완전히 포기하게 될지 모른다는 생각이 들었다.

꿈을 포기하지 않으려면 돈이 필요했고, 꿈으로 가려던 길에서 나는 방향을 틀었다. 어찌 보면 강연가라는 목적을 향해감에 있어, 훨씬 더 돌아가야만 하는 길이었다. 처음 책을 쓰려고 했던 시기보다 2년이라는 시간이 더 늦어졌기 때문이다. 여기까지 오는 데 돌고 돌아 2년여의 시간이 더 흘렀고, 나는 이제야 책을 쓰게 될 자유를 얻었다.

인생에서 속도는 물론 중요하다. 하지만 방향만 뚜렷하다면 지금은 비록 뒤처지고 천천히 가는 것처럼 보여도, 그 시간의 밑거름이 오히려 가속의 원동력이 될 수 있다고 생각한다. 2년이나 늦었지만, 오히려 나는 그 2년의 시간 동안 더 깊은 인생을 배웠다. 의미 있는 삶을 살아가기 위한 더 많은 원리와 법칙들을 알게 되었다. 경험을 통한 배움과 깨달음은 강사가 지녀야 할 자질을 넓히는 자양분이 될 수 있다고 생각한다.

나처럼 인생의 길을 돌아가는 방법도 있지만, 세상에는 이런 경우도 있다. 만약 당신이 가고자 하는 길에 앞을 완전히 가로막은 거대한 문을 만났다고 하자. 내 앞을 가로막은 거대한 문을 바라만 볼 뿐, 나는 도저히 열 수 없다며 손댈 생각조차 하지 못할 수 있다. 문이 너무나 거대해서 열어볼 생각도 하지 않고, 더 먼 길로 돌아갈 엄두도 내지 못하는 것이다.

그럼에도 우리는 어떻게든 열 수 있다고 믿으며, 거대한 문을 여기저기 만져볼 수 있어야 한다. 왜냐하면 우연히 손잡이를 잡게 될 수도 있기 때문이다. 손잡이를 잡고 돌리는 순간 '딸각' 하며 전혀 생각지도 못하게 문이 쉽게 열릴 수 있다. 적은 힘으로도 거대한 문이 열리는 것이다.

우리는 자신에게 원대한 목표와 꿈이 생기더라도 그 거대함에 짓눌려 이룰 수 없다며 시도하려 하지 않는다. 가슴속에 향하고 싶은 꿈이 있어도 불가능하다며, 이룰 수 없다고 고개를 가로젓는다. 어쩔 수 없이 가슴 한편에 다시 묻어버리거나, 이룰 수 있는 정도의 목표를 세우고 그것에 만족해한다. 꿈의 길을 가다가 거대한 장애물을 만나면 더 이상 할 수 없다며 포기하고 나아가지 않기도 한다.

다른 인생길을 선택해서 살아보니, 꿈의 거대함에 눌려 시도조차 하지 않는 것보다 도전하고 행동해보는 것이 낫다고 말하고 싶다. 너무 먼 줄 알았는데 생각보다 100m씩 몇 번 가지 않아 목적지에 닿을 수 있다. 너무나 거대해서 문을 열지 못할 줄 알았는데, 생각보다 손잡이를 빨리 찾아 쉽게 열 수도 있다. 이렇듯 우리의 인생은 오묘한 그 무엇이 함께 존재하기도 한다. 나의 하고자 하는 노력과 우리가 흔히 운이라고 말하는 세상의 그 무엇이 함께하면, 어느새 나의 꿈의 목적지에 닿을 수 있을지도 모른다. 행동하지 않은 채 머릿속 생각으로만 결과를 그려보는 것은 완전할 수 없기 때문이다. 행동을 통해 한 걸음 한 걸음 나아가봐야 그다음 길이 보일 수 있기에, 결국 시도하고 도전해봐야 한다.

물론 쉽지 않다는 걸 알고 있다. 더욱이 꿈의 길은 결코 호락호락하지 않았다. 남과 다른 나만의 길을 걷는다는 것은, 결국 남이 아닌 나 자신과의 싸움이 되었기 때문이다. 내 길을 내가 만들어가야 하는 데서 오는 불안과 두려움, 걱정은 언제나 나의 길에 함께 했다. 그럼에도 그 불안과 두려움을 수용하며 넘을 수 있다는 자신에 대한 믿음으로 한 걸음씩 내디딜 때, 벅차오르는 가슴 뛰는 삶을 살 수 있었다. 그것은 누가 시켜서가 아니었다. 내 마음이 시키는 대로 살아가는 삶은 보다 더 '나답게' 살게 해주었다. 그렇게 온전히 나 자신으로 살아가는 삶의 과정은 그 누구의 삶과 비교할 수 없을 만큼 눈부시게 행복했다.

당신도 당신의 삶을 살아가면 좋겠다. 진짜 나의 삶을 살아간다는 가슴 두근거리는 설렘을, 매 순간 느끼며 살아갔으면 한다. 외부의 그 어떤 것에 의해 통제되는 삶이 아닌, 내 삶의 모든 주도권을 내가 가지고 있다는 정신적 자유가 당신의 삶에 존재했으면 좋겠다. 내가 만들어가는 나 자신의 가치와 세상에 줄 수 있는 가치가 일치되는 삶의 아름다움을 당신도 느꼈으면 한다. 꿈의 길로 가는 과정의 매 순간이 진정 나로서 살아 숨 쉴 수 있기를 바란다.

40세가 넘어 꿈을 꾸어야 하는 이유

"우리가 20~30대도 아니고, 지금 이 나이에 꿈을 꾸기는 어렵지."

어느덧 내 주변에는 40~50대 정도의 나이대가 많다. 그만큼 내 나이도 먹었다는 뜻이다. 마흔 후반이 되어서도 꿈에 대한 이야기를 하면, 주변의 반응은 생각보다 냉소적이다. 지금, 이 나이에는 말도 안 된다는 소리다. 그렇다 보니 꿈 이야기를 하는 내 모습이 오히려 이상하게 보이는 듯하다. 그들은 우리 나이가 20~30대만 되어도 해 보겠는데, 지금은 '어렵다'라고 말한다.

정말 20~30대가 꿈을 꾸기에 더 좋은 나이일까? 나는 그렇게 생각하지 않는다. 어린 나이부터 자신의 꿈을 만들어간 경우가 아닌 일반적인 상황에서, 대부분 대학을 졸업하면 20대 중반이다. 1만 시간의 법칙처럼 무언가 자신의 일에서 전문가 정도의 내공을 쌓으며 성과를 내는 데에 약 10년이 걸린다고 한다. 나도 이 부분에 대해 동의한다. 어느 정도 내가 잘할 수 있고, 좋아하는 것과 같은 강점의 구슬을 만드는 데에는 적어도 10년 정도의 시간이 필요하다. 그럼 벌써 30대 중, 후반이 된다.

이 시기에 일을 하면서 혹시 결혼했다면 육아와 가사까지 병행해야 하기에 자신의 능력을 쌓아가는 데 시간이 더 필요할 수도 있다. 어느 정도 아이들이 엄마의 손길이 필요하지 않을 만큼 키우고, 자신이 하는 일에 커리어를 쌓고 나면, 30대 후반에서 40대 초반이라는 나이를 훌쩍 넘을 수밖에 없다.

이처럼 무엇을 하든 그 분야에서 10여 년의 시간이 필요한 이유는 자신만의 강점의 구슬을 만들어야 하기 때문이다. 강점의 구슬이란 자신이 좋아하고 잘할 수 있는 것들을 말한다. 앞서 이야기했듯 자신이 좋아하고 잘할 수 있는 것들은 자신의 분야에서 어느 정도 오랜 시간을 걸쳐 그 일을 해나가는 과정에서 단련되고 계발될 수 있다.

나의 경우 신규교사가 되었을 때 잘 가르치고 싶었다. 학생들이 과학을 어려워하고 싫어했기 때문이다. 어떻게든 아이들이 쉽고 즐겁게 과학을 배웠으면 했다. 쉽고 즐거운 과학 수업을 만들기 위해 내가 생각한 방법은 과학개념을 실생활과 연결하는 수업이었다. 예를 들어 쟁반 노래방이 유행하던 아주 오래전에는 위치에너지 수업에서 쟁반을 이용했다. 직접 쟁반에 노끈을 연결해 교실에 매달았다. 줄을 당기면 쟁반이 올라가고 줄을 놓으면 쟁반이 내려가게 눈으로 보여주고, 아이들 노래도 시켜가며 위치에너지를 설명했다. 최근 수업에서는 뿅망치를 이용한 게임을 하며 일과 위치에너지의 관계를 가르치기도 했다.

이처럼 처음에는 과학개념과 실생활에 보이는 현상이나 도구와 연결했고, 10여 년이 흐른 뒤에는 과학개념에 인문학 책 내용을 연결하고 융합할 수 있을 정도가 되었다. 그렇게 20년을 살다 보니 나에게는 무엇인가를 연결하는 능력이 생겼다. 지금처럼 책의 원고를 작성할 때, 나의 삶의 경험과 인문학의 책 내용을 연결해서 글을 쓰는 것이 나에게는 그리 어렵지 않다. 오랜 시간 동안 내 나름대로 이와 같은 능력을 단련한 것이 아닌가 싶다. 이렇듯 자기 강점의 구슬을 만드는 데에는 10년에서 20년은 걸리는 듯하다. 물론 조금 더 그 분야에 집중할 시간이 많다면 시간을 단축할 수 있다.

"구슬이 서 말이라도 꿰어야 보배다"라는 말처럼 자신만의 강점의 구슬을 여러 개 만들었다면 이제 이 몇 가지 구슬을 꿰어야 한다. 나의 다른 강점은 말하는 것을 좋아한다는 것이다. 교사로서 학생들 앞에서 이야기를 자주 하고 보니, 나는 사람들 앞에 서서 이야기하는 것을 좋아하게 되었다. 지금까지 가르치는 삶을 살았고, 다행히 '가르친다'라는 업(業)이 나에게는 천직이라는 생각이 든다. 학생에서 어른으로, 과학개념에서 삶에 대한 이야기로 대상과 주제만 바뀌었을 뿐, 누군가에게 그 주제에 대해 말로써 알려준다는 본질은 같기 때문이다. 앞으로 나는 '강연가의 길을 갈 거야'라고 결단을 내리며 새로운 꿈을 꿀 수 있었던 것은 오랜 시간 동안 교사를 했기 때문에 가능했다.

나의 삶을 통해 보면 적어도 내가 이와 같은 능력을 갖추는 데에 15년 이상은 필요했다. 그와 같이 계산하면 족히 40세는 되어야 한다. 즉, 40세를 넘는 나이라면 지금까지의 자신의 업(業)을 한 차원 더 높여 새로운 꿈을 만들 수 있다는 이야기다.

20~30대보다 지금 우리 나이에 꿈을 꾸어야 하는 이유는 한 가지 더 있다. 극작가로 유명한 조지 버나드 쇼(George Bernard Shaw)는 자신의 묘비에 이런 말을 남겼다.

> "I knew if I stayed around long enough, something like this would happen."

이 표현은 "우물쭈물하다가 내 이럴 줄 알았다"라고 해석되어 널리 알려져 있다. 하지만 원문에 가까운 해석은 "오래 살다 보면 이런 일(죽음)이 생길 줄 알았다"라는 뜻으로 볼 수 있을 듯하다.

우리에게는 이제 살아온 날보다 살아갈 날이 얼마 더 남지 않았다. 사람들은 죽는 순간 '그때 그걸 ~ 하지 말 걸'처럼 실패했던 일보다. '그때 ~ 그걸 해볼 걸'과 같은 자신의 인생에서 시도하고 도전해보지 못한 일을 후회한다고 한다.

단 한 번뿐인 삶에서 내가 원하고 바라는 삶은 한순간도 만들지 못한 채, 나에게 주어진 의무감으로만 살아가야 한다면 너무나 가슴 아픈 일이지 않을까! 내 삶의 주도권을 갖지 못한 채, 현실에 이리저리 흔들리며 맞춰가는 삶을 살아가는 것은 자기 생의 목적을 찾지 못했기 때문일 것이다.

자신이 원하는 인생을 살아가기 위해서는, 내 삶을 만들어 갈 수 있는 주체가 나라고 생각해야 한다. 더욱이 20~30대에 비하면 우리에게 남은 시간은 많지 않다. 주체적이고 주도적인 나의 삶을 만들어갈 수 있는 시간 말이다. 그러하기에 지금이라도 우리는 진정한 자신의 삶을 살아가기 위해 노력해야 한다.

결국 내가 생각하는, 40~50대에 꿈을 만들어야 하는 이유는 2가지다.

첫 번째는 꿈의 요소인 자신만의 강점의 구슬을 만드는 데 어느 정도 시간이 필요하다.

두 번째는 우리가 죽음에 이르기까지의 시간이 얼마 남지 않았다는 것이다. 그러하기에 현재 40세를 넘긴 나이라면 오히려 자신 삶의 새로운 꿈을 향해 시도하고 도전해볼 수 있는 시간이어야 한다.

귀천

나 하늘로 돌아가리라.
새벽빛 와 닿으면 스러지는
이슬 더불어 손에 손을 잡고,

〈중략〉

나 하늘로 돌아가리라.
아름다운 이 세상 소풍 끝내는 날,
가서, 아름다웠더라고 말하리라.

- 시인 천상병 -

천상병 시인의 〈귀천〉이다. 좋아하는 시 중에 하나다. 이 시를 쓸 당시 시인의 상황과는 다를 수 있겠지만, 이 시의 구절처럼 나도 이 세상 소풍 끝내는 날, 아름다웠더라고 말하고 싶다.

나이가 들어도 마치 지구별에 소풍을 온 어린아이처럼 이것저것 모든 것을 호기심 어린 눈으로 세상을 바라볼 수 있기를 바란다. 아이들이 놀이터에서 마음껏 뛰어놀 듯 세상을 나의 놀이터처럼 순수한 마음으로 뛰어놀 수 있는 정신의 자유를 가지고 싶다. 나의 인생의 여정에서 내가 선택한 길의 모험이 흥미롭고 재미있었다고 말하고 싶다. 나의 주도로 만들어가는 나의 모든 삶의 일부가 조금 더 단순하면서도 설레는 마음으로 살아가고 싶다. 내 생을 다하는 순간 나의 삶이 가치 있었노라고 그리고 즐거웠노라고 말하고 싶다.

당신의 나이는 중요하지 않다. 현재 짊어진 당신의 의무를 모두 내던지라는 말도 아니다. 당신은 당신의 현실에서 조금 더 정신의 자유를 가질 수 있을 뿐이다. 당신 삶의 모든 주도권이 당신에게 있다고 생각할 때 가능하다. 당신의 삶을 조금이라도 주체적으로 스스로가 만들어 갈 수 있다고 믿을 때 할 수 있다. 그러려면 자신이 어떤 삶을 살고 싶은지 구체화할 수 있어야 한다. 그리고 그 삶을 만들 수 있다고 믿어라!

결국 40~50대의 물리적 나이가 중요한 것이 아니다. 40~50대에 이르렀을 때, 당신의 정신적 단계가 어느 정도에 왔는지가 중요하다. 지구별 소풍을 끝내는 날, 나의 생이 아름다웠다고 말할 수 있기 위해 당신의 정신은 지금보다 더 자유로워져야 한다.

당신의 길을 걸어나가라

20년간 교사로서의 삶을 살다가, 퇴직을 한 지 2년여가 채 되지 않았다. 그럼에도 그사이 수없이 많은 일이 스쳐 지나간 듯하다. 언제나 그렇듯 삶은 끊임없이 반복된다. 좋을 때도, 싫을 때도, 기쁠 때도, 힘들 때도, 아플 때도, 건강할 때도. 인간은 희로애락을 가지며 살아간다.

50대를 바라보며 드는 생각은 자신의 희로애락을 어떻게 해석하며 살아가느냐에 따라 그 인생이 행복할 수도, 불행할 수도 있구나 싶다. 좋은 것은 좋은 대로, 힘들고 어려운 것은 그 상황을 통해 발전하고 성장하며 '나에게 무언가를 전해주려 했구나' 하고 인생을 해석하면 조금 더 힘차게 버텨낼 수 있었다.

마치 폭풍우 치는 바다의 거센 파도가 지나가고, 지금은 따뜻한 햇볕이 내리쬐는 잔잔한 파도처럼 2년여 전보다 내 인생은 더욱더 안정되었다. 하지만 언제 또 비바람이 치고 거센 바람의 폭우가 내릴지 알 수 없다.

어쩌면 우리의 인생도 날씨와 비슷한 듯하다. 우리 마음대로 날씨를 좌지우지할 수 없기에, 예고도 없이 갑자기 찾아오는 먹구름과 폭우를 버텨야 하는 순간도 있다. 비가 오면 맞기도 하고 우산을 쓰기도 하며, 매서운 찬 바람이 불면 두꺼운 옷을 입고 옷깃을 여미기도 하면서 버텨야 한다.

인생도 때로는 강한 바람과 폭우와 같은 삶의 무게를 버텨야 하는 순간들이 있다. 우리의 인생에 주어지는 불가항력적인 일들을 우리가 좌지우지할 수 없다. 다만, 이때 우리는 나에게 주어진 인생의 무게를 대하는 마음 자세와 그 일을 내 인생에서 해석하는 방식을 선택할 수 있다.

폭우가 내릴 때 우산을 쓰듯, 나에게 닥친 어마어마한 일들을 깊이 있게 수용할 때 조금 더 힘을 낼 수 있었다. 자신의 마음 깊은 곳으로의 수용은 생각보다 쉽지 않다. 하지만 그 힘든 상황에 대한 깊은 수용과 인정만이 앞으로 한 발 더 내디딜 수 있는 긍정의 힘을 만들어주었다. 어떠한 상황에서도 세상을 긍정으로 바라보려는 마음 자세와 내 인생에 주어진 고난조차도 자신의 발전과 성장을 위한 과정으로 바라볼 수 있는 해석의 관점은 인생을 겸허하게 받아들일 수 있도록 해주었다. 인생을 바라보는 나의 시선과 해석이 하나하나씩 모여, 인생을 대하는 태도가 되었다.

나에게는 꿈이 있다. 그 꿈은 세상을 아름답게만 바라보게 해주지는 않았다. 오히려 오기와 끈기가 필요한 순간도, 악을 쓰며 버텨야 하는 순간도, 질퍽한 진흙 속에 빠진 것 같은 순간도 주었다. 하지만 그와 같은 고단한 순간조차도 긍정으로 바라보며 나에게 무언가 성장을 주기 위한 과정으로 생각하며 버틸 수 있었던 건, 언젠가 나의 꿈을 이룰 수 있다는 희망이 있었기 때문이다. 인간은 자기 생의 목적이 있을 때, 그 어떤 힘든 순간도 버텨낼 수 있다.

나의 꿈은 많은 사람들이 더 나은 자신의 삶을 위해 변화할 수 있도록 도움을 주고 싶다는 것이다. 자신의 삶에서 스스로 성장하고 발전하는 것만큼 가치 있는 것도 없다. 결국 모든 인간은 자기 생의 목적을 찾고 그 꿈을 향해가는 과정에서 행복을 느낄 때, 인생을 의미 있게 살아가는 것일지도 모르겠다. 그와 같은 꿈, 행복, 인생의 가치를 노래하는 강연가가 되고 싶다. 다른 누군가 그들의 삶에서 한 발짝 더 행동하며 나아갈 수 있도록 나의 이야기가 도움 되기를 바란다. 아직은 이름이 알려지지 않은 무명의 강사이기에 현재 나를 불러주는 곳은 없으나, 결국 해낼 것을 알기에 지금 나에게 주어진 것에 최선을 다하려 한다. 그와 같은 시간이 모여 이제 곧 꿈의 무대에 설 수 있으리라 믿는다.

지금 나의 삶은 또 한 번 변화의 과정에 놓여 있다. 교사에서 고시원 원장으로, 이제 원장에서 고시원 강사로의 삶을 준비하게 되었다. 내가 처음 고시원 창업 강의를 들었던 숙박업 강사이자 멘토로부터 앞으로 진행되는 고시원 수업에 함께 참여할 것을 제안받았기 때문이다. 물론 나는 메인 강사가 아닌 코치 수준의 강사이지만, 이제는 고시원 원장만이 아닌 강사로서의 새로운 길도 걷게 되었다.

아직 지금 당장은 내가 하고픈 주제의 강의는 아니지만, 고시원 수업에서도 다른 누군가의 행동을 변화시키고 더 나은 삶을 살아가도록 도움을 줄 수 있다면 그 또한 의미가 있다고 생각한다. 2년여 전, 인생의 갈림길에서 그 누구보다 절박하고 간절했던 내가 도움을 받았던 것처럼 말이다. 그들 자신이 원하는 삶을 살아갈 수 있도록 내가 도울 수 있다면, 그 또한 나의 꿈의 길에 일부가 될 수 있기에 제안을 수락했다.

이제껏 성인을 대상으로 강의를 해본 적은 없기에 다시 모든 걸 처음부터 배우며 시작해야 한다. 하지만 아주 작은 것부터 또다시 정성을 쏟으면 나와 세상을 변화시킬 수 있으리라 믿는다.

인디언 속담에는 이런 말이 있다.

“그대 자신의 영혼을 탐구하라. 다른 누구에게도 의지하지 말고 오직 그대 혼자의 힘으로 하라. 그대의 여정에 다른 이들이 끼어들지 못하게 하라. 이 길은 그대만의 길이요, 그대 혼자 가야 할 길임을 명심하라. 비록 다른 이들과 함께 걸을 수는 있으나 다른 그 어느 누구도 그대가 선택한 길을 대신 가줄 수 없음을 알라.”

인생의 길을 걸어갈 때 우리는 다른 이들과 함께 걸을 수 있다. 하지만 자신의 인생길에서 어떤 선택을 할지는 자신에게 달려있다. 누군가가 우리의 인생을 대신 선택해줄 수 없으며, 더욱이 그 길을 대신 걸어가줄 수도 없다. 결국 그 길은 나만의 길이다. 인생의 주인은 나라는 말이기도 하다.

그러하기에 자신 인생길의 운전대는 스스로 잡아야 한다. 비록 앞 창문으로 보이는 길이 평탄치 않아 겁이 나더라도, 한 치 앞이 눈에 보이지 않아 두려움에 떨더라도 꿈을 향한 열망과 자신 스스로에 대한 믿음으로 나아가야 한다.

두 갈래, 세 갈래 인생의 갈림길에 이르면 그 누구에게도 아닌, 당신 안의 자신에게 방향을 물으며 그 길을 찾아가라! 이미 당신 안에 답이 있다. 당신은 자신 안의 목소리에 귀를 기울여야 한다. 자신 안의 목소리만이 자신의 인생길을 가장 '나답게' 만들어줄 수 있기 때문이다.

당신은 당신이 원하고 바라는 삶을 살 수 있다. 인간에게는 자신의 삶을 개척하며 주체적으로 살아갈 수 있는 고유한 자유의지가 우리 모두의 마음속에 존재하기 때문이다. 당신 자신만의 고유한 자유의지로 당신의 길을 걸어나가라!

당신 인생의 연금술사가 되어라

한순간에 당신의 인생을 바꿀 수 있는 비법이 있다면.

요술램프의 지니에게 3가지 소원을 빌 수 있다면.

환상적이고 마술 같은 기적이 일어날 수 있다면.

이러한 일들이 우리의 삶에서 불가능한 일만은 아닐 수 있다. 다만 인생이 바뀌고 소원이 이루어지고, 마술 같은 기적이 하루아침에 당장 일어날 수는 없다. 이와 같은 멋진 일들이 일어나려면 우리에게는 지금부터 미래의 어느 시점까지의 시간이 필요하다. 그 시간 동안 내가 바라고 원하는 일이 일어나도록 만들어야 하기 때문이다. 미래의 언젠가 생길 환상적이고 마법과 같은 멋진 일들은 하루하루 내가 보낸 현재라는 시간이 모여 그 결과로써 찾아온다.

따라서 오늘 하루를 제대로 보내야 한다. 그렇다면 과연 우리는, 현재의 시간을 어떻게 보내야 드라마틱한 인생의 멋진 순간을 맞이할 수 있을까?

고대로부터 약 2,000년 동안 유행한 과학이 있다. 바로 연금술이다. 연금술은 철이나 구리를 금으로 바꾸려고 시도했던 전근대 과학기술을 가리킨다. 즉, 값싼 금속을 값비싼 금으로 만들기 위한 노력이다. 하지만 원자는 다른 원자로 바뀌지 않는다. 그 시절 불가능한 일임에도 과거 사람들에게 연금술의 영향력은 우리가 상상하는 것보다 훨씬 컸다. 그러했기에 많은 폐해에도 연금술은 오랜 시간 동안 지속될 수 있었으며, 근대 화학이 발달할 수 있었던 토양을 마련했다는 의의를 지닌다.

철을 금으로 만들고 싶어 했던 고대의 연금술처럼 마치 나를 다른 누군가로 만들기 위한 현대판 연금술이 성행한다.

고대 연금술 : Fe(철) → Au(금)

현대 연금술 : 나 → 나보다 성공한 불특정 다수

끊임없이 나보다 더 성공한 누군가와 비교하며 사회와 세상의 기준에 맞춰 나의 삶을 만들어간다. 하지만 익히 알고 있다시피 철은 금이 될 수 없다. 또한 철은 철로써 쓸모의 가치를 지니기에 금이 될 필요도 없다. 마찬가지로 나는 나로서 존재가치를 지니며 사회의 기준에 맞춘 나로 바꿀 필요가 없다. 타인 삶과의 비교에 의한 자신 삶의 변화는 인생의 궁극적인 본질이 아니다. 이와 같은 삶으로는 한 순간에 인생이 바뀌지도, 소원이 이루어지지도 환상적인 마술 같은 기적이 일어나기도 어렵다. 삶을 살아가는 자신의 존재가치가 무언가를 얻고 성취해내야만 하는 수단이나 도구로 여겨질 뿐, 나의 인생을 주체적으로 살아간다는 느낌도 받을 수 없다.

멋진 인생을 꿈꾼다면 우리는 고대의 연금술을 이러한 관점으로 바라봐야 한다.

〈조건〉 고온, 고압 : C(흑연) → C(다이아몬드)
〈조건〉 두려움, 불안 : 나 자신 → 보다 더 나은 나 자신

철을 금으로 만들 수는 없지만, 흑연의 탄소는 다이아몬드의 탄소가 될 수 있다. 흑연의 탄소에 아주 높은 온도와 높은 압력을 가하면 다이아몬드의 탄소가 될 수 있기 때문이다. 이처럼 나를 다른 누군가로 바꿀 수는 없지만, 자신의 삶에서 더 나은 나 자신으로 변화시킬 수 있다.

다만 그 과정에서 필요한 조건이 있다. 흑연의 탄소가 다이아몬드 탄소가 되기 위해서는 고온과 고압을 견뎌야 하듯, 나를 더 발전시키고 성장하며 가치 있게 만들 수 있으려면 우리는 자신 안의 두려움과 불안을 견뎌내며 한 발 더 내디뎌야 한다. 인간의 본성에 자리하고 있는 불안과 두려움을 넘어선다는 것은 쉬운 일이 아니지만, 그 길을 기꺼이 선택하도록 허락하는 것이 존재한다.

그것은 바로 꿈의 길이다.

꿈이라는 인생의 목적지이자 가고자 하는 방향이 있다면, 여러 가

지 장애물과 현실의 벽에 부딪히는 힘들고 어려운 여정 속에서도 당신은 다시 일어설 수 있다. 꿈을 향한 열망과 믿음은 두려움과 불안을 이겨내게 한다. 자신의 한계를 극복하며 또 한 걸음 더 내디딜 수 있게 한다. 누구나 동일한 인생을 살아가는 사람은 없다. 각자의 인생길에서 자신만이 가질 수 있는 고유함과 특별함으로 자신만의 스토리를 만들어갈 때, 남과 다른 차별성으로 존재감이 드러나게 된다.

당신의 존재감이 세상에 드러나는 순간, 한순간에 당신의 인생이 바뀔 수 있다.

당신의 존재감이 세상에 드러나는 순간, 지니에게 빌었던 3가지 소원이 이루어질 수 있다.

당신의 존재감이 세상에 드러나는 순간, 생각지도 못했던 환상적이고 마술 같은 기적이 일어날 수 있다.

그 순간을 위해 현재인 오늘부터, 당신 삶에서 당신만이 가질 수 있는 능력을 갈고 닦아야 한다. 분명 자신의 삶에서 자신만이 가진 것이 있다. 나의 것을 특별하게 생각할 수 있어야 한다. 아직 부족하다고 여겨진다면, 자신의 것을 계발하고 연마하기 위한 시간과 노력을 기울이며 정성을 다하면 된다.

현실에 치여서 할 수 없다는 생각 대신, 진정 원하고 바라는 인생을 구체화시킬 수 있으면 좋다. 앞으로의 삶에서 하고 싶고, 되고 싶은 것이 무엇인지 당신 마음속에서 우러나오는 소리에 귀를 기울이는 것이다. 하루에 단 10분이라도 자신이 향하고자 하는 길을 가기 위해 노력해야 한다.

현재의 모습이 초라하고 비참할수록 더욱더 당신은 꿈의 길을 걸어야 한다. 그 길만이 현재 당신을 더 큰 가치를 지닌 미래의 당신으로 만들 수 있다. 그 길을 걸음에 있어 아주 작은 행동을 하고 그로 인해 작은 성취를 맛보게 되면, 어느덧 두려움과 불안은 설렘과 기대로 바뀔 수 있다. 하루, 하루를 당신 자신의 주도하에 만들어가고 있다는 기대감과 설렘은 당신 삶에 행복을 가져다줄 것이다.

“큰 배를 만들게 하고 싶다면 나무와 연장을 주고 배 만드는 법을 가르치기 전에 먼저 바다에 대한 동경을 심어줘라. 그러면 그 사람 스스로 배를 만드는 법을 찾아낼 것이다.”

생텍쥐페리(Saint Exupery)의 《어린 왕자》에 나오는 구절이다. 당신의 인생에서 지금보다 더 나은 자신을 만들고 싶다면 꿈에 대한 동경의 마음을 갖기를 바란다. 꿈에 대한 동경만이 당신이 그 길을 어떻게 향해 갈 수 있을지 방법을 찾게 해줄 것이다.

이 책을 읽는 독자들이 꿈의 길에서 인생의 씁쓸함과 달콤함 모든 것을 느껴보기를 진심으로 바란다. 도전과 시도는 새로운 삶으로의 모험을 떠나는 기분을 안겨줄 것이다. 그 험난하면서도 행복한 여정을 뚜벅, 뚜벅 걸었다면 당신이 미래에 꿈꾸던 당신의 모습 그대로 세상 한가운데 우뚝 서 있을 것을 나는 믿는다.

노지현

학교를 나와
고시원을 차렸습니다

교사에서 고시원 원장이 된 인생 커리어 전환기

제1판 1쇄 2025년 6월 5일

지은이 노지현
펴낸이 한성주
펴낸곳 ㈜두드림미디어
책임편집 이향선
디자인 김진나(nah1052@naver.com)

㈜두드림미디어
등 록 2015년 3월 25일(제2022-000009호)
주 소 서울시 강서구 공항대로 219, 620호, 621호
전 화 02)333-3577
팩 스 02)6455-3477
이메일 dodreamedia@naver.com(원고 투고 및 출판 관련 문의)
카 페 https://cafe.naver.com/dodreamedia

ISBN 979-11-94223-73-3 (03190)

책 내용에 관한 궁금증은 표지 앞날개에 있는 저자의 이메일이나 저자의 각종 SNS 연락처로 문의해주시길 바랍니다.